Kerstin Werner

Dein Herz darf leuchten

www.kerstin-werner.de

Bibliografische Information der Deutschen Nationalbibliothek:
Die Deutsche Nationalbibliothek verzeichnet diese Publikation in der Deutschen Nationalbibliografie; detaillierte Daten sind im Internet über http://dnb.dnb.de abrufbar.

www.kerstin-werner.de

Lektorat: Elsa Rieger
www.elsarieger.at

Illustrationen: Ulrike Hirsch
www.ulrike-hirsch.de

CreateSpace Independent Publishing Platform
ISBN-13: 978-1499120769
ISBN-10: 1499120761

Inhaltsverzeichnis

Vorwort der Autorin

Wann leuchtet dein Herz?

Wann kannst du dich vertrauensvoll öffnen?

Viele von euch werden nun Situationen aufzählen, in denen sie sich gut aufgehoben und geschützt fühlen.

Unterm Strich bedeutet das: Wir vertrauen uns selbst und wissen, dass unser inneres Königreich niemand zerstören kann. Wir greifen mit den Händen zum Himmel und stehen mit den Füßen auf der Erde. Wir sind gefestigt und spüren in uns eine Sicherheit, die von niemand anderem abhängig ist.

Doch wie oft passiert es, dass wir uns durch unsere Mitmenschen vom inneren Thron stoßen lassen?

Das macht uns hilflos und wir fühlen uns ohnmächtig. Wir geben die Verantwortung für unsere Gefühle ab, weil die verletzte Kinderseele in uns noch nicht geheilt ist. Sie wird aktiviert, weil jemand unsere roten Knöpfe drückt. Dann werden wir wütend, ärgern uns und können nicht mehr klar denken, weil wir in unseren schmerzhaften Emotionen verstrickt sind. Unser inneres Königreich scheint dann unerreichbar weit weg. In Sekunden kann es passieren, dass die Stimmung kippt, schneller als uns lieb ist.

Wenn wir also keine innere Sicherheit haben, wird uns dies im Außen gespiegelt. Alle vermeintlich bösen Gefühle, die durch andere Menschen ausgelöst werden, sind Hinweisschilder auf das, was wir noch unerlöst in uns tragen. Wir wollen das nicht immer sehen.

Deshalb zeigen viele Menschen in solchen Momenten lieber auf andere und verurteilen. Ist ja auch das Einfachste.

Unsere Mitmenschen können uns aber nur dann ärgern, wenn wir mit uns selbst in Unfrieden leben. Sie fordern uns unbewusst auf, innere Wunden heilen zu lassen. Mit Krieg im Inneren können wir keinen Frieden im Außen erzeugen. Wenn wir verstehen, dass wir im Gegenüber nur unser Selbst gespiegelt bekommen, werden wir nicht mehr urteilen, sondern inne halten und uns fragen: Was genau habe ich jetzt damit zu tun? Wieso kann der andere solche Gefühle in mir auslösen? Nur so kommen wir zu den Antworten, die uns wirklich in die Heilung führen. Solange wir anderen Schuld zuweisen, verharren wir im Leid.

Auf meinem bisherigen Weg habe ich eine Erfahrung machen dürfen: Bei der Heilung, dem Einswerden, wehrte sich zuerst etwas in mir. Schmerzhafte Gefühle will ja keiner gerne fühlen. Eine natürliche Abwehrreaktion, könnte man meinen. Und genau die gilt es zu durchschauen. Denn sie hat nur eine Absicht: Das Leid erhalten!

Das kann lange so gehen, aber irgendwann wird der Zeitpunkt kommen, selbst wenn wir es nicht durchschauen. Denn wenn wir genug gelitten haben, ist das Fass voll. Ausgelöst durch äußere Umstände oder Krankheiten, die Schmerzen an die Oberfläche spülen. Die Suche nach uns selbst, deren Erfüllung wir uns in der Welt erhofft haben, zeigt sich – in uns.

Dadurch wird die Sehnsucht nach Vollkommenheit größer als jede Angst. Dann sind wir bereit, uns zu hinterfragen und selbstverantwortlich zu handeln.

Wenn Heilung geschieht, geht es ums Fühlen. Sich zu erlauben, dass alles sein darf, um dann zu schauen: Was liegt unter dem Gefühl? Mit wachem Geist herauszufinden, was ist, führt dazu, meinem Seelendasein immer näherzukommen. Ich erkenne alte Konditionierungen und Glaubenssätze, die mich ausbremsen, und kann Ängste und Gefühle, die mir nicht guttun, befreien.

Vorausgesetzt, ich will!

Sergio Bambaren sagte einst: „Durch unsere Entscheidungen definieren wir uns selbst. Allein durch sie können wir unseren Worten und Träumen Leben und Bedeutung verleihen. Allein durch sie können wir aus dem, was wir sind, das machen, was wir sein wollen."

Viele Menschen haben einen starken Willen, setzen ihn aber oft gegen statt für sich ein. Sie wollen lieber leiden. Sie wollen gar nicht leben. Natürlich gibt das niemand gerne zu. Da ich das aber von mir kenne, weiß ich, dass dem so ist. Um sich das einzugestehen, gehört eine große Portion Ehrlichkeit. Und Mut, denn manchmal kommen Täler, die wir nur durchschreiten können, wenn wir die Entscheidung getroffen haben, wirklich zur Sonnenseite wechseln zu wollen.

Wirkliche Heilung bedeutet für mich Integration. Und zwar dieser Anteile, die ich ablehne. Akzeptanz,

Liebe und Frieden machen sich dann in mir breit. Ich vergebe mir selbst und damit auch anderen. Statt der Gefühle Ärger, Wut und Hass entsteht nun Mitgefühl. Weil ich im inneren Frieden mit mir bin.

Die Spiegel, die mir im Außen begegnen, zeigen mir immer noch, wie zuvor auch, was ich in mir trage. An den Situationen selbst ändert sich nichts. Nur die Sichtweise und das eigene Empfinden ändern sich. Und somit ändert sich alles. Innen wie außen.

Der Sinn des Lebens ist das Leben selbst. Dass wir alles, was wir je auf unser Seelenheil draufgepackt haben, wieder entpacken. Dass wir uns selbst befreien.

Mir hat das Schreiben meiner Bücher sehr geholfen, weil ich rauslassen konnte, was raus wollte. Während dem Schreiben dieses Buches bin ich durch tiefgreifende Prozesse gegangen und konnte verloren geglaubte Seelenanteile wieder integrieren.

In diesem Buch wirst du dir selbst begegnen können und die Chance haben, deine verletzte Kinderseele in die Arme zu nehmen. Du darfst dich vertrauensvoll öffnen, damit Gefühle bejahend gefühlt werden können und dein leuchtendes Herz wieder mehr zum Vorschein kommt.

Ich werde dir keine Vorschriften machen, wie du die Geschichten zu lesen hast, obwohl ich dich darum bitte, die Texte wirken zu lassen, indem du das Buch zwischendurch immer wieder mal weglegst. Ein paar Minuten sind manchmal schon ausreichend. Gib deinem Geist und deiner Seele kleine Pausen und Luft zum Atmen. Intuitiv wirst du es wahrscheinlich sowieso tun, wenn dir danach ist.

Ich bedanke mich schon jetzt bei dir, dass du dich auf diese Entdeckungsreise in dein Innerstes einlässt. Ich weiß, dass es nicht selbstverständlich ist, und freue mich, wenn sich unsere verletzten Kinderseelen, aber genauso unsere leuchtenden Herzen begegnen.

Es ist an der Zeit, unsere Herzen zu öffnen und Liebe einfließen zu lassen. Es darf nun Heilung geschehen.

Herzoffene Grüße
Kerstin

Liebe irritiert

Frau Lenden war eine Lehrerin, wie Kinder es gern hatten. Feinfühlig genug, um die Bedürfnisse ihrer Schüler wahrzunehmen, gleichzeitig taff, sodass alle den nötigen Respekt vor ihr hatten. Die Eltern bekamen vor dem Elternsprechtag meist mehr Muffensausen als die Schüler, denn Frau Lenden besaß die Fähigkeit, die Themen zu erkennen, die hinter den Verhaltensmustern der Schüler steckten. Deshalb urteilte sie auch nicht über ihre Schüler, sondern liebte sie, jeden auf seine Weise.

Sie konnte den Menschen vom Verhalten trennen. Und das machte sie als Lehrerin aus. Obwohl sich die Schüler manchmal derart verhielten, dass man sie auf den Mond schießen wollte, war ihr klar, dass alle Verhaltensmuster, die der Auffälligkeit dienten, meist nur ein Schrei nach Liebe waren. Und genau deshalb wusste sie: Nur weil sich einer verkorkst verhält, ist er noch lange kein schlechter Mensch.

Die Lehrerin übernahm die Klasse 8b als Schwangerschaftsvertretung. Einer der Schüler, Max Merker, war gleich besonders auffällig. Er störte den Unterricht, wo es nur ging und versuchte die Lehrerin ständig aus dem Konzept zu bringen, indem er sich zum Beispiel von anderen Schülern anrufen ließ, damit sein Handy klingelte, obwohl Handyverbot herrschte. Oder er formte Papierkügelchen, die er im Mund befeuchtete und dann mit voller Wucht durch ein leeres Tintenkillerröhrchen auf andere Schüler feuerte. Das tat verdammt weh, wenn die Kügelchen auf der nackten Haut landeten und so kamen dann regelmäßig laute „Aua“, die wütend in die Klasse gebrüllt wurden.

Frau Lenden war schnell klar, dass Max das alles nur der Aufmerksamkeit wegen machte. Scheinbar fühlte er sich klein und wollte sich mit diesem Verhalten größer machen. Er wollte gesehen werden. Er wollte wahrgenommen werden. Um jeden Preis.

Und dann gab es diesen besagten Tag, der alles änderte. Als Frau Lenden sich zur Tafel drehte und anfing, etwas zu schreiben, hörte man nur ein kurzes *Titsch* und ein Papierkügelchen landete an ihrem Hals. Frau Lenden fasste sich reflexartig dorthin und drehte sich um. Sie wusste genau, dass Max dahinter steckte und ging zu ihm.

Sie atmete einmal tief durch und sagte: „Max Merker, du wirst heute Nachmittag eine Strafarbeit schreiben. Du schreibst einhundertmal auf ein Blatt Papier folgenden Satz: Frau Lenden liebt mich so, wie ich bin!“

Irritiert guckten die Schüler Frau Lenden an. Damit hatte wohl niemand gerechnet. Max war auch durcheinander und hatte keine Worte, nickte aber zustimmend. Und so setzte er sich am Nachmittag hin und schrieb diesen Satz einhundertmal.

Als er am nächsten Tag in der Schule die Strafarbeit abgab, lächelte er Frau Lenden an. Sie lächelte zurück. Es war, als wenn sich irgendetwas verändert hätte. Als wenn sie sich anders begegneten. Auf Augenhöhe. Dieser Blick war von Liebe gezeichnet. Und genau das war ihr Ziel: Dass sich die Schüler geliebt fühlten, auch wenn sie mal Mist bauten. Ab dem Tag ging es besser. Max war zwar immer noch nicht der Friedlichste, aber die prekären Situationen hielten sich in Grenzen.

Bis zu jenem Tag, an dem er das dritte Mal unentschuldigt seine Hausaufgaben nicht gemacht hatte. Frau Lendens Pflicht war es, ihn ins Klassenbuch einzutragen, woraufhin Max völlig unerwartet ausrastete. Er ging nach vorne ans Pult und fing an, Frau Lenden mit geballten Fäusten zu beschimpfen. Doch sie war nicht aus der Reserve zu locken. Unglaublich, welch Ruhe sie in diesem Moment ausstrahlte. Sie packte Max an den Handgelenken und schaute ihm solange in die Augen, bis er sich beruhigte. Sie war klar im Kopf, in ihrer Mitte ruhend und machte eine klare Ansage. „Max, du wirst heute Nachmittag wieder eine Strafarbeit schreiben. Dieses Mal schreibst du einhundertmal den Satz „Obwohl ich mich daneben benommen habe, liebt Frau Lenden mich immer noch!"

Dieser Satz hatte gesessen!

Damit hätte wieder kein Mensch gerechnet, am allerwenigsten Max. Und auch dieses Mal schrieb er wieder so, wie ihm aufgetragen wurde. Doch dieses Mal bewegte sich mehr in ihm. Als er am nächsten Tag die Strafarbeit abgab, fragte er, ob Frau Lenden für ein Gespräch Zeit hätte. Sie machten einen Termin für den kommenden Freitag aus, an dem Max auch nachmittags Unterricht hatte. So hatten sie in der Mittagspause etwas Zeit. Er fasste all seinen Mut zusammen und erzählte der Lehrerin von daheim. „Wissen Sie, Frau Lenden, bei mir zuhause ist es ziemlich traurig. Meine Mutter lässt sich von meinem Vater schlagen, der wiederum trinkt jeden Abend Alkohol und ich bin sowieso für nichts gut genug und werde bloß rumkommandiert!“

Max konnte bei diesen Worten seine Tränen kaum mehr zurückhalten. Wo er sonst immer den Starken markierte, zeigte er nun seine verletzte Seite.

„Egal, was ich mache, ich mach es nie gut genug. Deshalb habe ich auch gar keine Lust mehr, gute Noten zu schreiben oder mein Zimmer aufzuräumen. Es reicht ja eh nie aus. Ich werde nur beschimpft, höre meine Eltern den halben Tag streiten und würde am liebsten weglaufen.“

Frau Lenden hatte schon lange so etwas geahnt und war froh, dass Max ihr nun alles anvertraute. Sie hörte ihm aufmerksam zu und versicherte mitfühlend, dass sie dieses Gespräch vertraulich behandeln würde. Am Ende versprach sie Max, dass sie am bevorstehenden Elternsprechtag ihr Bestmöglichstes tun würde, um zwischen ihm und den Eltern zu vermitteln, obwohl sie sich auch bewusst war, dass dieses Gespräch wahrscheinlich nur ein Tropfen auf den heißen Stein sein würde, aber sie wollte nichts unversucht lassen.

Dann war er da, der besagte Elternsprechtag. Max' Eltern hatten um 11 Uhr einen Termin. Sie waren schon gespannt, was Frau Lenden dieses Mal zu erzählen hatte. Sie setzten sich ans Pult und Frau Lenden schwieg. Sie schaute den Eltern in die Augen und sagte einfach nichts. Max' Eltern guckten sich irgendwann irritiert an. Schließlich fragte seine Mutter verunsichert: „Würden Sie uns bitte sagen, wieso Sie uns so ansehen und nichts sagen?"

„Vielleicht möchten Sie mir etwas sagen?", entgegnete sie.

„Was sollen wir Ihnen schon sagen!", hakte der Vater grantig ein. „Sie kennen ja unseren Buben nun lang genug. Er hat kein Benehmen und wir werden seiner schon lange nicht mehr Herr. Er macht, was er will. Das haben Sie in der Schule sicher auch schon gemerkt! Zumindest ist das an seinen miserablen Noten ablesbar. Er räumt nicht auf, ist total schlampig und macht uns das Leben echt schwer!"

Frau Lenden schaute die Eltern eindringlich an und stellte nur eine Frage: „Wann haben Sie Ihrem Sohn das letzte Mal gesagt, dass Sie ihn lieben?"

„Lieben? Aber nicht mit diesem Benehmen! Sowas kann man nicht lieben. Eher hätte er ne Tracht Prügel verdient!", wetterte sein Vater weiter.

Doch Frau Lenden ließ nicht locker und fragte wieder in ihrer gewohnt inneren Ruhe leise aber bestimmend: „Wann haben Sie Max das letzte Mal gesagt, dass Sie ihn lieben?"

Dieses Mal war es einen Moment lang still, bevor Max' Mutter das Wort in ihrer Hilflosigkeit ergriff: „Frau Lenden, es ist wirklich nicht einfach mit unserem Jungen. Was sollen wir denn tun?"

Frau Lenden wartete, schwieg und schaute die Eltern an, die mit neugierigen Augen auf eine Antwort warteten. Und dann stellte sie ein letztes Mal die Frage: „Wann haben Sie Ihrem Sohn das letzte Mal gesagt, dass Sie ihn lieben?"

Max' Vater wurde still und die Augen der Mutter standen voller Tränen. Sie senkte beschämt ihren Kopf und sagte leise nach einer stillen Minute: „Noch nie!"

Dieser Moment war hart.

Vor allem für Max' Eltern.

Zuerst konnte niemand etwas sagen. Und wie so oft, hielt Frau Lenden auch dieses Mal das Schweigen aus.

Als die Mutter den Kopf wieder hob, sah sie ihrem Mann in die Augen und dann umarmten sie einander.

Die Lehrerin spürte, dass diese Umarmung voller Emotionen war. Was auch immer diese Frage ausgelöst hatte, sie hielten sich aneinander fest wie wahrscheinlich schon lange nicht mehr. Der Mutter liefen die Tränen herab. Als wenn sich etwas gelöst hätte, was sie schon lange Zeit mit sich herumgetragen hatte. Als wenn etwas ausgesprochen worden wäre, was lange schon hätte gesagt werden müssen. Als wenn das Eis gebrochen worden wäre.

Es folgte danach das intensivste Gespräch, das Frau Lenden in ihrer Lehrerzeit je an einem Elternsprechtag geführt hatte. Max' Eltern waren nach diesem magischen Moment wie ausgewechselt. Sie öffneten sich und erzählten … auch von sich selbst und ihren eigenen Problemen.

Nach ganzen zwei Stunden verabschiedete sich Frau Lenden von Max' Eltern. Sie umarmten sich und die Eltern bedankten sich für die Ehrlichkeit und den Mut, den Frau Lenden in diesem Gespräch besessen hatte.

Es war der letzte Elternsprechtag, bevor die Klasse ins neunte Schuljahr wechselte und einen neuen Klassenlehrer bekam. In den letzten Wochen vor den Ferien konnte Frau Lenden zwar eine Veränderung an Max feststellen, aber es wurde nie wieder darüber gesprochen. Sie erfuhr nie, was danach in der Familie Merker geschehen war, aber sie vertraute darauf, dass das Gespräch etwas ins Rollen gebracht hatte.

Zwei Jahre später war Schulentlassung. Die Abschlussklasse, in der sich auch Max befand, hatte ein Lied einstudiert, welches sie vor allen Schülern, den anwesenden Eltern und Lehrern vortragen sollten. Max bekam das Mikrofon und sollte ein paar Worte zur Einstimmung sagen. Das tat er gerne, denn es war ihm eine Herzensangelegenheit. Alle saßen voller Erwartung in der Aula, als Max zu reden begann.

„Unsere Abschlussklasse wird gleich ein Lied singen. Aber zuvor möchte ich etwas sagen. Als unsere

Klasse vor gut zwei Jahren wegen des Mutterschutzes unserer damaligen Lehrerin an Frau Lenden übergeben wurde, fanden wir das nicht gut, weil wir uns so kurzfristig an eine neue Lehrerin gewöhnen sollten. Doch Frau Lenden lehrte uns eine wichtige Lektion fürs Leben, wofür wir Schüler ihr sehr dankbar sind:

Wenn das Herz die Führung übernimmt,
entmachten wir alles, was uns Leid zufügt.

Sie hat uns gezeigt, dass Liebe irritiert und Brücken baut. Ich persönlich bin ihr besonders dankbar. Auch wenn sie damals vielleicht gedacht hatte, dass das Gespräch mit mir und auch mit meinen Eltern am Elternsprechtag nur ein Tropfen auf dem heißen Stein sein könnte, so war es der wichtigste Tropfen. Mein Vater sitzt heute auch hier und hat es durch eine Entziehungskur geschafft, den Alkohol hinter sich zu lassen. Seit zwei Jahren ist er trocken. Meine Eltern gingen zur Eheberatung und auch sie haben inzwischen verstanden, welche Botschaft damals Frau Lenden für uns alle hatte:

Liebe ist die stärkste Kraft im Universum.

Doch unsere Familie war so sehr von Abhängigkeiten geprägt, dass wir die Liebe gar nicht mehr spüren konnten. Und genau das hat sich verändert. Heute höre ich auf mein Herz und muss nicht mehr laut sein, um aufzufallen. Ich weiß, dass ich liebe und geliebt werde.“

Die ganze Aula war still. Frau Lenden liefen mittlerweile die Tränen, weil ihr gar nicht bewusst gewesen war, wie viel Gutes sie mit ihrer Art bei den Schülern vollbracht hatte. Max stieg mit dem Mikrofon von der Bühne und ging auf sie zu. Er stellte sich vor sie hin und sah ihr in die Augen. Er wollte viel mehr sagen, aber in dem Moment kam nur ein tief empfundenes „Danke“ aus seinem Mund. Dann umarmten sie sich und viele andere konnten sich die Tränen ebenso nicht verkneifen. Es war ein unglaublich berührender Moment.

Als Max wieder auf der Bühne bei seinen Mitschülern stand, sprach er weiter: „Wir möchten mit unserem Abschlusslied ein Zeichen setzen. Dazu möchte ich Sie bitten, aufzustehen und sich an den Händen zu nehmen. Liebe ist ein Energiekreislauf. Wenn wir unser Herz öffnen, können wir geben und empfangen. Das Lied, welches wir heute singen, heißt „Liebe ist alles“.

Während die Klasse das Lied vortrug, hielten sich alle an den Händen und wenn man in die Menge schaute, so konnte man in vielen Gesichtern feuchte Augen entdecken. Augen voller Rührung und Sehnsucht … nach Liebe.

Wie löse ich mein Karma auf?

Senta war zu Beginn ihrer spirituellen Reise auf einem Seminar zur Selbstfindung, weil sie ständig von Selbstzweifel geplagt wurde. Nach einer Übung sagte die Trainerin: „Senta, du hast ein starkes Karma mit in dieses Leben gebracht. Du darfst noch einiges aufarbeiten."

Seitdem tat Senta nichts anderes. Sie wollte unbedingt ihr Karma auflösen, damit sie endlich glücklich leben kann. Sie besuchte jede Menge Seminare, machte Coach-Reisen, um ihre Seele zu entfalten, und nutzte so viele Termine wie irgendwie möglich bei ihrem Therapeuten.

Doch dann kam dieser eine Tag, der alles veränderte. Sie war in Thailand auf einer Selbstfindungsreise und ging zu einem Meister, den viele vergötterten. Sie stellte ihm eine Frage: „Meister, wie kann ich mein Karma auflösen?"

Der Meister lachte.

„Liebe Senta, wer hat dir denn gesagt, dass du ein Karma hast?"

„Na, ich merke ja selbst, dass ich viel aufzuarbeiten habe, weil ich nicht glücklich werde und ständig an mir zweifele. Und auf einem Seminar, auf dem ich vor fünf Jahren war, sagte die Trainerin mir nach einer Übung, dass ich ein starkes Karma mit auf die Erde gebracht hätte."

Der Meister lachte wieder.

„Wieso lachst du, Meister?“, fragte Senta verunsichert.

„Senta, was wäre, wenn es gar kein Karma gäbe?“

„Wie meinst du das?“

„Nun, wer sagt denn, dass das so stimmt? Hast du den Inhalt dieser Aussage auf Wahrheit überprüft?“

Damit hatte der Meister alles gesagt, was in seinen Augen nötig war, um Senta zu ihren eigenen Antworten zu führen.

Senta jedoch blieb verstört zurück. Was sollte das? Sie war nun seit Jahren auf dem Weg, immer bewusster zu werden, indem sie ihr Karma peu à peu auflöste, und dann kam ein Meister daher und stellte das alles in Frage. Senta wusste nicht mehr, wo ihr der Kopf stand. Was ist denn jetzt wirklich wahr? Gibt es ein Karma oder gibt es keins?, grübelte sie.

In ihrer Verzweiflung setzt sie sich auf eine Bank in den Garten. Sie schloss die Augen und wollte die Sonne genießen, um abschalten zu können, als nach einer langen Zeit der Stille eine Stimme zu ihr sprach: „Senta, wieso hörst du so sehr auf das, was andere sagen? Wieso vertraust du dir selbst nicht? Du suchst dich selbst, dabei bist du schon da. In deiner ganzen Pracht. Du musst es nur wahrnehmen. Vertraue auf dich. Verleugne dich nicht, um anderen gerecht zu werden. Folge deinem Herzen und steh zu dir!“

Senta wurde von dieser Stimme aus ihrer Hilflosigkeit gerissen. Was war das? Die Tränen legten einen Schleier auf ihre Augen. Ihre innere Stimme so klar und präsent? Wie ging das? Es war ein magischer Moment voller Glückseligkeit. Dieser Augenblick machte sie stark. Sie wusste plötzlich, dass alle Antworten des Lebens in ihr selbst zu finden waren. Bisher war ihr das nur nicht bewusst gewesen. Deshalb hatte sie so lange im Außen gesucht. Von diesem Tag an war ihr klar: Ob sie ein Karma hat oder nicht, war egal. Ob es stark war oder schwach. Es war einzig und allein wichtig, dass sie sich selbst liebte. So, wie sie war. Musste sie ihr Karma auflösen, um glücklich sein zu können? Nein. Sie wusste nun, dass glücklichsein lediglich eine bewusste Entscheidung ist.

Dieses Ereignis in Thailand veränderte ihr Leben. Statt weiterhin auf der Suche zu sein, schöpfte sie ab sofort aus ihrer inneren Quelle. Sie wusste, dass es nicht mehr um den Input ging, sondern um den Output. Das sichtbar machen, was von Natur aus angelegt ist. Und freigeschaufelt hatte sie weiß Gott genug in den letzten Jahren.

Senta wurde ein wunderbarer Lebenscoach, weil sie wusste, wie es ist, ständig auf der Suche zu sein. Ihr ist daran gelegen, den Menschen zu helfen, sich selbst zu finden.

„Du brauchst keinen Lehrer, der dich beeinflusst. Du brauchst einen Lehrer, der dich lehrt, dich nicht mehr beeinflussen zu lassen“, sagte einst Dieter M. Hörner und genau danach lebt Senta.

Helfen kann sie am besten, indem sie Fragen stellt, wie es der Meister getan hatte. Und das tut sie mit viel Freude und Vertrauen. Denn so findet derjenige die Antworten, der sie sucht.

Brief ans Ego

Liebes Ego,

ich habe dich bislang so oft abgelehnt. Das hab ich aber nicht mit Absicht getan. Wirklich! Ich weiß, du wolltest auch deine Berechtigung, aber ich wollte alles aus dem Herzen heraus tun und so konnte ich dich nicht zulassen.

Ich habe aber nun gemerkt, dass du auch eine Antriebskraft sein kannst. Wenn ich nämlich ausschließlich aus dem Herzen heraus agieren möchte, dümpele ich oft vor mich hin und komme gar nicht ins Tun. Ich analysiere stattdessen, welche Motivation dahinter steckt und lasse die Finger von etwas, was ich aber eigentlich gerne tun würde. Ja, eigentlich ...

Falls du das nächste Mal mit meiner Herzensstimme streitest, werde ich zwischen euch vermitteln. Ihr seid nämlich gar nicht so verschieden. Beide möchten mich strahlen lassen. Und ich bin mir sicher, das bekommen wir gemeinsam hin.

Außerdem habe ich verstanden, dass ich durch die Ablehnung oft Menschen angezogen habe, die ein ausgeprägtes Ego haben. Und diese Menschen haben mich sowas von genervt! Heute weiß ich, dass auch sie lediglich Hinweisschilder auf meine innere Abwehr waren.

Liebes Ego, ich reiche dir hiermit die Hand und hoffe, dass wir gute Freunde werden. Mit dir zusammen traue ich mich auch sicherlich bald, Vorträge zu halten. Das hab ich nämlich bislang abgelehnt, weil ich dachte, dass nur du davon profitierst. Und das wollte ich auf keinen Fall. Auch das habe ich nicht aus Boshaftigkeit getan, sondern weil ich es nicht besser wusste. Ich hoffe, du verzeihst mir.

Danke, dass es dich gibt.

Herzensgrüße
Ich

Alles darf sein

„Ich habe Angst, dass ich ins Leid zurückfalle. Was kann ich nur tun?“, fragte Susanne ihre beste Freundin Karla, die schon oft für sie da war, wenn sie ihre Hilfe brauchte.

„Wie meinst du das?“, wollte Karla wissen.

„Ich bin ständig schlecht gelaunt und genervt. Bin dann auch meinen Kinder gegenüber blöd, mir selbst gegenüber sowieso und ich merke richtig, dass ich die Liebe meines Mannes dann besonders brauche. Aber der ist dann so genervt von mir, dass er mir die kalte Schulter zeigt. Daran gehe ich kaputt. Es ist wie ein Kreislauf, aus dem ich nicht rauskomme. Dabei weiß ich, dass mein Mann nicht für meine üble Situation verantwortlich ist.“

Karla überlegte kurz und sagte dann: „Weißt du, Susanne, ich habe auch lange Jahre damit zugebracht, aus dem Leid rauskommen zu wollen, indem ich es von mir ferngehalten habe. Bis ich irgendwann für mich begriff: Es geht nicht darum, es fernhalten zu wollen, sondern sich auf den damit verbundenen Schmerz einzulassen.“

„Das verstehe ich nicht. Ich soll mich aufs Leid einlassen? Aber dann suhle ich mich doch im Leid. Dabei will ich es ja nicht.“

„Ja, das glauben viele. Aber schau mal, worauf du dich jetzt die ganze Zeit fokussierst. Du willst das Leid weg haben. Dein Fokus liegt also auf dem Leid. Und so wirst du es immer mehr anziehen. Es ist das

Gesetz der Resonanz. Energie folgt der Aufmerksamkeit. Dabei willst du letzten Endes doch wie alle anderen Menschen lediglich glücklich sein, oder?“

„Ja, genau. Ich will glücklich sein. Aber ich will dabei nicht leiden.“

Karla lachte, wurde aber wieder ernst, als sie merkte, dass Susanne nicht verstand, was sie sagen wollte.

„Als ich rausfand, dass es ums Einlassen ging, habe ich auch gelitten. Weil ich dem Schmerz, den ich schon so lange verdrängt hatte, endlich mal seinen Raum gab. Ich habe zwei Tage lang geweint und gedacht, es können nicht so viele Tränen aus einem rauskommen. Aber ich habe mir gesagt, dass nun alles sein darf. Ich habe mich darauf eingelassen. Auf das Leben. Und Leben bedeutet, das zu leben, was da ist. Und nicht, das Leben fernhalten zu wollen. Verstehst du?“

„Aber ich weiß nicht, wie ich das machen soll. Ich glaube, alleine schaffe ich das nicht.“

„Alleine schaffst du das nicht? Welche Stimme hat denn da gerade das Zepter übernommen? Das ist doch irgendeine auferlegte Stimme von früher. Die ängstliche, kleine Susanne, die angeblich so viel nicht geschafft hat, spricht doch da, oder?“

„Ja, das stimmt. Diese Stimme ist oft sehr präsent. Ich habe häufig das Gefühl, etwas nicht zu schaffen.“

„Das sind äußere Stimmen, die du irgendwann zu inneren gemacht hast. Deshalb glaubst du manchmal, es wären deine. Und deine Herzensstimme – was sagt die?“

„Die sagt: Vertraue!", kam es spontan aus Susannes Mund.

„Ok, gesetzt den Fall, du vertraust dir tatsächlich und erlaubst dir, dass deine Gefühle sein dürfen. Was denkst du, könnte dann passieren?"

„Wie geht das? Ich tue mich schwer, einfach so zu vertrauen. Wie kann ich mir das erlauben?", fragte Susanne hilflos.

„Sage dir einfach: Alles darf sein. Du wirst sehen, wenn du das immer wieder leise für dich sagst, dass sich etwas in dir bewegt. Weil du nichts mehr wegschiebst, was sowieso da ist. Da gehört manchmal ein wenig Mut zu, das stimmt. Manche Gefühle tun mehr weh, manche weniger. Und vor denen, die mehr weh tun, haben wir besonders viel Angst. Diese Gefühle sind auch nicht schön, weil sie schmerzen. Deshalb wehren wir uns dagegen. Aber meine Erfahrung zeigte mir bislang: Wenn wir tatsächlich darauf vertrauen, werden die Schmerzen, die wir empfinden, deutlich weniger oder gehen sogar ganz. Weil wir uns erlauben, dass alle Gefühle sein dürfen. Die Gefühle, die wir ewig in der Dunkelheit eingesperrt hatten, kommen durch unsere Erlaubnis ans Licht. Und genau dadurch fühlen sie sich endlich frei. Halte nicht am Leid fest, Susanne, indem du es nicht fühlen willst. Sondern erlaube dir, das zu leben, was da ist. Solange das Leid für dich etwas Schlimmes ist, wirst du es fernhalten wollen. Was wäre jedoch, wenn deine Angst vor dem Leid der Weg ist – in dein inneres Glück? Es hört sich vielleicht paradox an, aber wirkliche Selbstliebe beginnt da, wo du das annimmst, was du lange Zeit weghaben wolltest. Und genau in dem Moment wirst du loslassen können. Und genau darum geht es. Dass du loslassen kannst, was dich jetzt noch im Leid gefangen hält."

Die Worte von Karla wirkten lange nach und je öfter Susanne sich sagte: „Alles darf sein", desto näher kam sie sich selbst. Sie ließ alte Muster hinter sich, indem sie Gefühle durchlebte, die sie lange Zeit weghaben wollte. Und eines konnte man im Laufe der Zeit in ihrem Gesicht ablesen: Freude.

Von Monat zu Monat sah man mehr Klarheit in ihren Augen. Sie akzeptierte, was ist und wollte nicht mehr jemand sein, der sie nicht war. Sie nahm sich in ihrer Vollkommenheit an und dadurch veränderte sich ihr Leben in allen Bereichen positiv. „Alles darf sein" wurde ein Mantra in ihrem Leben, welches sie ständig vor sich hersagt, und was ihr half, viel Leid hinter sich zu lassen, indem sie sich auf das Leben einließ. Mit allem, was es zu bieten hatte.

Auf der Spielwiese des Lebens

Es war einmal ein kleiner, fröhlicher Junge, der gerne draußen spielte. Er erkundete die Welt und sprang durch Pfützen, wenn es regnete. Eines Tages fiel er hin und schürfte sich die Knie auf. Er war traurig und weinte.

Da gab es Menschen, die sagten Sätze wie „Komm jetzt, das ist nicht so schlimm!“ oder „Da musst du jetzt durch“ oder „Beiß die Zähne zusammen, sei stark!“.

Aber es gab zum Glück auch seine Mutter, die klebte ein Pflaster auf die Wunde und nahm ihr Kind wortlos in den Arm.

Als der Junge erwachsen wurde, war er nach wie vor fröhlich, spielte gerne und erkundete die Welt. Er fiel immer noch ab und zu hin, tat sich weh, war traurig und weinte. Aber da er inzwischen wusste, was seiner Seele am meisten hilft, konnte er nun gut für sich selbst sorgen. Er kümmerte sich liebevoll um seine Wunden, stellte sich vor den Spiegel, umarmte sich und sagte: „Du darfst auch mal traurig sein und weinen.“

Danach ging er wieder raus.
Auf die Spielwiese des Lebens.

Verschüttetes Herz

Kennt ihr Horst? Wenn ihr ihn kennen würdet, ihr würdet ihn lieben. Als ich mein Buch „Wach auf – Dein Leben wartet“ veröffentlichte, erreichten mich privat folgende Zeilen in einer Email eines mir fremden Menschen, der mir jedoch auf Anhieb sehr nahe war:

„Liebe Kerstin,

ich habe gerade dein Buch gelesen und hatte dabei ein für mich entscheidendes 'Aha-Erlebnis'. Dieses wundervolle Buch hat mit voller Wucht etwas in mir getroffen, das fast 75 Jahre lang irgendwo in mir verschüttet war: Mein Herz! Ich habe mir vorgenommen, dass diese Erfahrung mein Leben verändern wird!

Kerstin, du bist ein wundervoller Mensch.

Herzlichst, Horst“

So, und dann saß ich hier. Mir liefen die Tränen übers Gesicht. Das war so ziemlich das Schönste, was mir je ein Leser schrieb. Wahrscheinlich berührte es mich so sehr, weil er schon 75 Jahre alt war. Ich, gerade mal vierzig, soll mit meinen Worten sowas ausgelöst haben? Irgendwie unglaublich. Ja, einfach herzberührend. Außerdem dachte ich bei den Zeilen sofort an meine Oma, die vor zwei Jahren gestorben ist, und kam aus dem Knatschen nicht mehr raus. Es war wieder so ein Moment, in dem mir deutlich bewusst wurde, wieso ich tue, was ich tue.

In der Regel antworte ich auf Emails von Lesern recht kurz, weil es sonst zeitmäßig ausartet, aber bei Horst hatte ich irgendwie ein Gefühl, das mich antrieb, mehr zu schreiben. Und wir tauschten uns aus. Er erzählte mir aus seinem Leben. So erreichten mich am 3. Adventssonntag morgens diese Zeilen:

„Guten Morgen Kerstin,

ich wünsche dir einen schönen 3. Advent. Ich schaue gerade aus dem Fenster und freue mich über den toll gefärbten Himmel, den der neue Tag uns schenkt. Ja, mein Leben beginnt sich zu verändern. So wie du, habe ich die ersten Steine aus meiner Mauer zuerst gelockert und bin dabei sie nach und nach zu entfernen, um das Licht des Lebens aufnehmen zu können. Und das tut gut!

Dank deiner Hilfe habe ich die jahrelange Sprachlosigkeit einer ursprünglich guten Freundschaft mit einem Ehepaar aus der unmittelbaren Nachbarschaft beendet. Wir lagen uns anschließend in den Armen und jeder war froh, dass die Last des Schweigens und der Feindschaft, die aufgrund eines negativen Ereignisses entstanden war, jetzt vorbei ist.

Danke auch nochmal für den Hinweis auf das Buch „Wo die Seele auftankt“ von Marco von Münchhausen. Ich lese es gerade und meine Seele hat schon einige ‚Tankstellen‘ gefunden. Es ist ein wirklich empfehlenswertes Buch. Ich werde es auch einem Freund, der jetzt 75 wird (es ist nie zu spät), schenken und habe Herrn von Münchhausen gebeten, es für ihn zu signieren und er hat zugesagt. Toll!

Ich habe mir jetzt angewöhnt, die Leute, die ich morgens bei meiner Runde mit dem Fahrrad im Wald treffe, nett zu grüßen und bin erstaunt, wie freundlich sie reagieren. Ja, wie man in den Wald hineinruft, so schallt es heraus, sagt ein altes Sprichwort.

Ich wünsche dir, dass es dir gut geht.

Herzlichst Horst"

Ja, und dann saß ich wieder hier mit Tränen in den Augen. Er schaffte es mit allem, was er schrieb, mein Herz zu berühren. Weil es einfach so unglaublich schön war. Kurz vor Weihnachten schrieb er mir dann, dass er seinen 75. Geburtstag in Amerika feiert. Im Kreise seiner Liebsten. Als er zurückkehrte, erreichte mich folgende Mail:

„Liebe Kerstin,

seit Sonntag bin ich zurück aus Florida. Trotz teilweise kühlen Wetters war es ein erlebnisreicher Urlaub bei amerikanischen Freunden. Ich habe in dieser Zeit dort auch meinen 75. Geburtstag gefeiert, wie du ja weißt, und meine erste Rede auf Englisch gehalten. Ein wesentlicher Teil dieser Ansprache war das mein Leben verändernde Ereignis, ausgelöst durch dein Buch. Nachfolgend der entsprechende deutsche Text: Es ist mein 75. Geburtstag und da vor kurzem etwas Gravierendes in meinem Leben geschehen ist, ist es mir heute eine Herzensangelegenheit, über etwas zu sprechen, das meinen Lebensweg verändert hat. Obwohl mein bisheriges Leben überwiegend positiv verlaufen ist, habe ich immer gewusst, dass irgendetwas in meinem Leben gefehlt hat, um richtig glücklich zu sein. Aber ich wusste nicht, was. Dabei ist es so einfach, denn jeder von uns hat es bereits in sich. Aber ich habe fast 75 Jahre gebraucht, um zu erkennen, was zum wahren Glück und zur Zufriedenheit führt. Durch einen Zufall bin ich im Internet auf ein kleines Buch gestoßen, geschrieben von einer jungen Frau aus der Eifel. Als ich das Buch gelesen hatte, hatte ich ein sogenanntes AHA-Erlebnis. Ich wusste plötzlich, was mir auf meinem bisherigen Lebensweg gefehlt hat: Es ist die Liebe, die aus dem Herzen kommt. Ich erkannte, dass nur sie allein zum wahren Glück führt. Damit meine ich, nicht nur andere zu lieben, sondern auch mich selbst.

Diese Erkenntnis ist für mich ein großes Geschenk und ich versuche seitdem, nur noch meinem Herzen zu folgen. Mein Kopf hat fast 75 Jahre für mich gearbeitet und kann sich jetzt endlich ausruhen und den Job an mein Herz übergeben. Ich danke dir, mein lieber Kopf.

Liebe Kerstin, ich hoffe du hattest einen guten Start in das neue Jahr. Ich wünsche dir jedenfalls viel Erfolg, Gesundheit und vor allem sehr viel Liebe.

Herzliche Grüße, Horst“

Nach dieser Mail, die mich wieder sehr berührte, wuchs in mir eine Idee. Die Idee, euch in diesem

Buch von Horst zu erzählen. Als ich ihm davon berichtete, antwortete er mir:

„Liebe Kerstin,

zunächst einmal herzlichen Dank für deine beiden Emails. Ich bin ganz gerührt, dass du erwägst meinen Wandel, in einem neuen Buch von dir zu erzählen. Natürlich hast du meine volle Zustimmung hierfür. Ob du meinen Namen erwähnen willst, überlasse ich dir. Wichtig ist doch nur, dass andere, auch ältere Menschen, Mut bekommen, ihren Weg zu ändern.

Meine zwischenzeitliche Erfahrung ist, dass mein Leben durch die Öffnung meines Herzens viel leichter geworden ist und das, ohne mich sehr anstrengen zu müssen.

Meine wichtigste Erkenntnis ist dabei, dass der Weg für die Liebe nur frei wird, wenn man Dinge wie Gier, Hass, Egoismus, Neid und dergleichen loslässt, denn sie machen nicht glücklich und kosten wertvolle Energie.

Natürlich ist es bei mir auch so, dass es mir nicht immer gelingt, nachsichtig und geduldig zu sein, denn das wäre ja ein wahres Wunder. Aber in den meisten Fällen klappt es doch.

Ich habe inzwischen, auch aufgrund deiner Anregung, eine ganze Reihe weiterer Bücher gelesen. Alle haben mir in irgendeiner Weise geholfen, meinen Weg zu stabilisieren, und zwischendurch lese ich dann immer wieder in deinem Buch. Dein Buch ist für mich deswegen so wertvoll, weil es alles Wesentliche in kurzer und einleuchtender Form beinhaltet.

Ich wünsche dir ein schönes Wochenende.

Herzliche Grüße, Horst“

Ja, es ist nie zu spät. Da hat Horst den Nagel auf den Kopf getroffen. Und aus seinem Mund klingt es viel authentischer als es je aus meinem klingen könnte, deshalb war es mir ein Herzensanliegen, es hier abzudrucken. Ich hoffe, dass durch diese Zeilen noch mehr Menschen den Mut finden, ihre Herzen zu öffnen. Vor allem jene, die schon lange zweifeln und vielleicht glauben, dass sie es niemals schaffen werden.

Horst erzählte mir, wie sein Leben bis dato ausgesehen hatte. Er ist seit 52 Jahren verheiratet, hat einen Sohn und zwei Enkel. Er war Informatiker und Abteilungsleiter in einer großen Bank. Seit 1997 befindet er sich im Ruhestand. Er ist schon immer gerne und viel verreist.

„Mein Kopf sagt mir zwar, dass ich inzwischen 75 Jahre alt bin, aber mein Herz sagt: Du bist so alt, wie du dich fühlst! Ja und ich fühle mich körperlich und geistig ziemlich fit und hoffe, dass das noch lange so bleibt.“

Da Horst so oft davon geschrieben hatte, dass sich sein Herz geöffnet hat, fragte ich ihn, ob er das irgendwie in Worte fassen könne. Was das genau für ihn bedeutet.

„Das eigene Herz zu öffnen bedeutet für mich zunächst die Erkenntnis, dass etwas Wesentliches im Leben gefehlt hat. Das heißt nicht, dass ich meine gesamte Lebensweise total umstellen muss. Ich muss sie nur verändern und neu sortieren. Soll das Herz in den Vordergrund rücken, dann müssen zwangsläufig andere Dinge zurücktreten. Bedeutend für eine Änderung in meinem Leben ist die Entscheidung, zukünftig dem Herz zu folgen und nicht mehr dem Kopf. Die vielen positiven Erlebnisse, die ich nach meiner neuen Lebenseinstellung habe, sind eine ständige Bestätigung dafür, dass es sich lohnt dem Herzen zu folgen, egal wie alt man ist. Das Schlüsselerlebnis für mich, mein Herz zu entdecken, war das Lesen deines Buches „Wach auf – Dein Leben wartet." Mir wurde dabei klar, dass in meinem bisherigen Leben die Prioritäten falsch gesetzt waren, denn Glück hat mein Leben immer nur spontan begleitet, immer dann, wenn ein Wunsch in Erfüllung gegangen ist. Aber dieses Glück war nie dauerhaft. Wie gewonnen, so zerronnen. Mir fiel es plötzlich wie Schuppen von den Augen, dass nur die Liebe zum wahren Glück führen kann, denn sie ist ja immer in mir, muss nur geweckt und wach gehalten werden. Und als ich es dann ausprobierte, zum Beispiel bei der Begegnung mit Menschen, ihnen herzlich gegenüberzutreten, merkte ich, dass sie anders reagierten. Plötzlich kamen liebevolle Bemerkungen zurück, wo früher Schweigen herrschte.

Wichtig ist es auch, sich selbst zu lieben, sich Schwächen und Fehler zu verzeihen. Erst so bekommt man die notwendige Basis, auch andere zu lieben.

Mein Leben hat sich verändert. Ich fühle mich jetzt wesentlich besser als früher. Das Außen hat an Bedeutung verloren und das Innen ist in den Vordergrund getreten. Wo vorher Fernsehen und andere Medien, Konsum, Rechthaberei und die Meinung anderer über mich wichtig waren, gilt heute Loslassen, Achtsamkeit, Langsamkeit und Liebe. Ich nehme mich nicht mehr so wichtig und folge dem Fluss, indem ich versuche, Hindernisse nicht mehr wegzuräumen, sondern sie zu umgehen. All das hat dazu geführt, dass ich viel gelassener geworden bin. Früher musste alles schnell gehen und damit floss auch die Zeit schnell dahin. Heute tue ich weniger, aber das langsamer und konzentriert. Mit anderen Worten, ich freue mich über jeden Tag, bin dankbar für das, was ich habe und das neu Erlebte. Ich bin einfach zufriedener und glücklicher."

Wenn ich so etwas lese, dann freue ich mich. Weil ich weiß, dass mit nur EINEM zufriedeneren, glücklicheren Menschen das Weltbild verändert wird. Es ist zwar ein kleiner Tropfen auf dem heißen Stein, aber viele Tropfen ergeben auch einen Ozean.

Danke, Horst. Danke für alles!

Das Besengespräch

„Wo warst du denn heute so lang?“, fragte der eine Besen den anderen.

„Ach, wir waren den ganzen Tag unterwegs. Meine Besitzerin hat gemeint, sie müsse mich vor anderen Haustüren einsetzen, wo es angeblich sooooo dreckig sei.“

„Ja und? Habt ihr den Dreck wegbekommen?“

„Ach wo! Du weißt doch: Der eigene Besen kann nur vor der eigenen Haustür kehren. Aber der Dreck vor ihrer Haustür sitzt inzwischen in jeder Ritze. Mit dem will sie sich wohl nicht befassen. Dabei wäre es dort am nötigsten. Dann würde sie auch ihren Hof wieder lieben. Sie könnte ihre Blumenkästen bepflanzen und es sich in ihrem Heim richtig schön machen.

Leider flüchtet sie lieber vor andere Haustüren. Obwohl es ja damit auch nicht besser wird. Die Reise heute war also wiedermal für die Katz. Wann sie das wohl endlich mal verstehen wird ...“, seufzte der andere Besen.

Von den Kindern lernen

„Darf ich ein Gummibärchen haben?“, fragte die große Schwester ihren dreijährigen Bruder.

„Nein!“

„Och bitte, die schmecken aber so lecker.“

„Nein!“

„Wir kuscheln dann heute Abend auch zusammen, ja?“

„Nein!“

„Dann hab ich dich nicht mehr lieb, wenn du mir kein Gummibärchen gibst!“

„Na und?!“

Zurück blieben eine bockige große Schwester und ein kleiner, glücklicher Bruder.

Von Kindern können wir einiges lernen ...

Im Dschungel des Lebens

Es war einmal vor langer Zeit ein Löwenbaby namens Leo. Es lernte von seinen Eltern, wie man sich in der Löwenwelt zurechtfand. Als größtes Raubtier muss der Löwe sich Respekt verschaffen. Er muss anderen seine Größe zeigen, damit er als König des Dschungels angesehen wird.

Und so lebten sie tagein tagaus in diesem Sinne und behaupteten sich. Sie jagten, sie fraßen und sorgten dafür, dass alle anderen Tiere im Wald sie fürchteten.

Doch Leo-Löwenbaby spürte schon sehr früh, dass es noch etwas anderes geben musste, als ständig zu kämpfen. Da es jedoch noch sehr klein und von seinen Eltern abhängig war, fügte es sich in das Leben eines Raubtieres ein.

Leo-Löwe wurde immer größer und war inzwischen zu einem stattlichen Löwen herangewachsen. Er lernte eine entzückende Löwenfrau kennen und verliebte sich in sie. Sie bekamen ein Löwenbaby und Leo-Löwe war glücklich mit seinem kleinen Rudel. Er sorgte für seine Löwenfamilie und ging weiterhin jagen, damit er seine Familie ernähren konnte.

Und dann kam eines Tages das, was sich niemand wünscht. Leo-Löwe wurde verletzt, als er für die Familie auf der Jagd war. Er war in eine Löwenfalle hineingeraten. Er fiel in ein tiefes Loch und als er unten aufkam, verletzte er sich so schlimm, dass er sich nicht mehr bewegen konnte.

In den darauffolgenden Tagen, als er hilflos in diesem Loch lag, kreisten seine Gedanken um sich und den Sinn seines Lebens. Und er erinnerte sich wieder daran, dass er als Kind schon dachte: Es muss mehr geben in dem Leben eines Löwen als zu kämpfen, zu jagen und sich Respekt zu verschaffen.

Er vegetierte dort für ein paar Tage, bis seine Löwenfrau und das Löwenkind ihn fanden. Sie riefen die anderen Löwen zur Hilfe und so wurde Leo-Löwe aus seinem tiefen Loch geholt.

Nach einer Weile der Ruhe und liebevollen Pflege seiner Löwenfreunde ging es Leo-Löwe immer besser. Aber irgendetwas war anders. Er hatte das Bedürfnis, diesen inneren Frieden, den er plötzlich spürte, nach außen zu tragen. Er hatte für sich beschlossen, alle Regeln, die bisher im Wald herrschten, aufzuheben. Er wollte nicht mehr gefürchtet werden und wusste, dass es lediglich so war, weil alle es nicht anders kannten.

Und so setzte Leo-Löwe eine Konferenz der Tiere im Wald an. Es wurden sämtliche Tiere eingeladen, von der Ameise bis zur Giraffe. Und es kamen auch alle. Schon allein aus Furcht dem Löwen gegenüber, der ja das größte Raubtier im Urwald war. Alle Tiere saßen still vor Leo-Löwe und warteten gespannt, was er zu sagen hatte.

„Wie ihr alle mitbekommen habt, war ich schwer verletzt, vegetierte tagelang in einem Loch und konnte eine Zeitlang nicht laufen. In dieser Zeit ist mir einiges bewusst geworden, was ich schon länger in mir trage. Ich habe mich gefragt, wieso ihr euch alle vor uns Löwen fürchtet. Wieso im Wald so viel Krieg herrscht und wir uns gegenseitig bekämpfen. Und ich habe für mich erkannt: Es ist nur deshalb so, weil es immer so war und keiner sich traut, es anders zu machen."

Die Tiere guckten sich irritiert an.

Was hatte das nun zu bedeuten?

Aber Leo-Löwe sprach weiter: „Ich habe in dem Loch, in dem ich ohne Essen und Trinken lag, viel nachdenken können. Ich habe wieder zu mir gefunden. Und mir ist es ein tiefes Bedürfnis, euch heute zu sagen: Ich liebe euch! Ihr braucht euch ab heute nicht mehr zu fürchten."

Im gleichen Atemzug setzte er die Krone ab. Sein Titel „König des Dschungels" war Geschichte.

„Ab sofort gibt es keinen König mehr. Wir sind jetzt alle eins."

In diesem Moment konnte man sehen, wie die Giraffe Tränen in die Augen bekam, der Affe vor lauter Freude auf das Nilpferd hüpfte, die Ameisen im Kreis tanzten und der Elefant vor lauter Glück seinen Rüssel in die Luft streckte.

Alle Tiere umarmten einander und jedes wusste für sich: Im Dschungel der Liebe ist alles grenzenlos.

Beate ist gar nicht krank

Beate ist heute fünf Jahre alt. Ihre Eltern informierten die Erzieherinnen im Kindergarten, dass bei ihr ADHS diagnostiziert wurde. Sie wurde schnell als schwierig empfunden. Immer wieder war sie auffällig und schwer zu händeln. Das bestätigten auch Beates Kindergärtnerinnen recht schnell.

Eines Tages musste Beate zur Kur. „Sie soll lernen, sich zu benehmen“, wurde den anderen Kindern in der Gruppe gesagt. Hoffentlich konnte sie dort zur Ruhe kommen, damit sie sich nicht immer gleich über alles so aufregte. Mit ihrer aufgebrachten Art konnte sie nämlich alle zur Weißglut bringen.

Als Beate aus der Kur zurückkam, ging es besser. Sie wurde von dem Zeitpunkt an im Kindergarten belohnt, wenn alles klappte und sie „lieb“ war. Diese Belohnung bekam aber nur Beate. Denn sie war ja krank.

Freitags durften die Kinder immer ein Spielzeug mitnehmen. Mia, die in derselben Kindergartengruppe war, hatte sich an einem Freitag, kurz nachdem Beate aus der Kur gekommen war, das Hasenbuch mit dem Titel „Weißt du eigentlich, wie lieb ich dich hab?“ ausgesucht. Das hatte sie schon öfter mitgenommen, dieses Mal aber mit dem Vorhaben, es Beate vorlesen zu lassen. Das fand Mias Mutter total rührend und bestärkte sie in ihrem Vorhaben.

An dem Freitag, wo es vorgelesen wurde, kam Mia nach Hause und sagte freudenstrahlend: „Mama, Beate ist gar nicht krank. Man muss die nur liebhaben!“

Am nächsten Tag brachte Beate einen Kuscheltedy mit, den sie einmal als Belohnung von ihrer Kindergärtnerin bekommen hatte. Sie gab ihn Mia mit den Worten: „Hier, den schenk ich dir, weil ich dich lieb habe.“

Seither schenken sich Beate und Mia diesen Teddy gegenseitig. Einfach so. Weil sie sich lieb haben.

~~~ DANKE ~~~

Diese Geschichte beruht auf einer wahren Begebenheit. Danke Jacky, dass du sie mit mir geteilt hat und ich sie niederschreiben durfte. Herzberührend und so wahr!
~~~

Die Liebe – sie lebt!

Lisa war 27 Jahre alt. Sie hatte ein gutes Herz. Betrat sie einen Raum, spürte man förmlich die Liebe, die sie mitbrachte. Obwohl sie dick war, strahlte sie. Von innen heraus. Und genau deshalb liebten die Menschen sie.

Sie war Single, lebte allein, war aber gerne in Gesellschaft. In ihrer Freizeit verkleidete sie sich oft als Clown, um auf Kindergeburtstagen, die sie organisierte, die Kleinen glücklich zu machen. Sie tat das mit ganz viel Herzblut. Die Kinder liebten sie wegen ihrer lustigen Art. Sie wusste, wie man mit Kindern umgeht.

Lisa pflegte auch eine wundervolle Beziehung zu ihrer Schwester Maja. Die Geschwister wohnten zwar in verschiedenen Wohnungen, aber im selben Ort, wo auch die Eltern lebten.

An einem Freitag in der Früh klingelte das Telefon bei Maja. Ihre Mutter war dran.

„Sag mal, Maja – hast du Lisa in der letzten Zeit gesehen? Ich habe jetzt schon zwei Tage hindurch versucht, bei ihr anzurufen, aber sie geht nicht ran. Gestern war ich bei ihr an der Tür, aber sie öffnet nicht, obwohl ihr Auto davor steht. Kannst du dir das erklären?"

Maja war erstaunt. Das kannte sie so gar nicht von ihrer Schwester. Denn wenn sie Lisa anrief, wurde sie immer sofort zurückgerufen.

„Warte mal, ich habe ihr gestern noch per Whatsapp geschrieben."

Als sie ihr Handy öffnete, sah sie, dass Lisa die Nachricht noch nicht gesehen hatte. Sie war das letzte Mal vor drei Tagen online gewesen.

„Mama, da stimmt etwas nicht! Lass uns bitte sofort hinfahren."

Sie trafen sich zehn Minuten später an Lisas Haustür, dieses Mal hatte die Mutter einen Schlüssel mitgebracht. Maja hatte ein mulmiges Gefühl im Magen.

Als sie die Tür aufmachten, riefen sie sofort „Lisa, Lisa, Lisa, wo bist du?"

Keine Antwort.

Als sie dann aufgeregt die Zimmer absuchten und schließlich das Schlafzimmer betraten, lag Lisa im Bett. Sie war blass und bewegungslos.

Ihre Mutter stürzte zu ihr hin und schrie nur „Lisa, Lisa, wach auf!"

Dabei klatschte sie auf die Wangen ihrer Tochter.

Aber Lisas Haut war kalt.

Sie war tot.

Die Mutter brach weinend zusammen und auch Maja wusste gerade nicht, wohin mit ihren Gefühlen. Sie setzte sich an Lisas Bett und weinte. Sie weinte einfach – und weinte. Danach nahmen sie einander in die Arme. Sie konnten das alles gar nicht erfassen, waren wie in Trance. Nachdem sie sich ein wenig beruhigt hatten, sahen sie einen Brief auf Lisas Nachttisch liegen. Sie trauten sich kaum, ihn zu öffnen. Es war ein Abschiedsbrief.

Liebe Familie und Freunde,

wenn ihr diesen Brief lest, bin ich nicht mehr unter euch. Zumindest nicht mit meinem dicken Körper, den ich immer gehasst habe. Ich konnte damit nicht länger leben. Er hat mich fertig gemacht. Und so habe ich mich schweren Herzens entschieden, von dieser Welt zu gehen in der Hoffnung, dass ich von diesem Leid erlöst werde.

Ich weiß, dass das niemand von euch verstehen kann, aber mein sensibles Herz hat die Last nicht mehr tragen können, die auf mir lag. Lasst mich in euren Herzen weiterleben, denn die Liebe zu euch wird nie versiegen.

Im Herzen bei euch

Lisa

Als Maja und ihre Mutter diese Zeilen lasen, mussten sie wieder weinen.

„Aber wieso?“, stammelte Maja traurig und wütend zugleich. „Sie hatte so ein gutes Herz. Wieso wusste sie das nicht? Wieso hatte ihr Körper so viel Macht über sie?“

Die Tage, die dann folgten, waren sehr emotional. Die Familie weinte viel und trauerte. Die Verwandten organisierten das Nötige, bereiteten die Beerdigung vor und alles lief ab wie im Film. Es war unfassbar. Unfassbar bedrückend für alle. Auch Lisas Freunde konnten nicht begreifen, was geschehen war. Wie konnte so ein liebenswerter Mensch die Erde freiwillig verlassen?

Obwohl Lisas Mutter mit ihren Nerven fast am Ende war, bat sie den Pastor, zum Abschluss der Trauermesse etwas sagen zu dürfen. Sie trat ans Mikrofon, musste sich aber erst mal räuspern, damit sie überhaupt ein Wort rausbringen konnte. Und dann begann sie, leise und zögerlich:

„Gestern Abend fragte mich meine Enkelin, wieso Lisa nicht mehr bei uns ist. Ich konnte ihr keine Antwort geben, weil ich in dem Moment dazu nicht imstande war. Aber ich möchte die Frage nicht unbeantwortet lassen. Denn diese Frage sehe ich in mehreren Gesichtern. Lisa hat einen Abschiedsbrief hinterlassen, indem sie uns schrieb, dass sie in ihrem dicken Körper nicht mehr weiterleben konnte. Er hat sie fertiggemacht. Als ich diese Zeilen las, dachte ich an so viele Male, wo ich ihr sagte „Iss nicht so viel!" oder „Du hast doch wieder zugenommen oder?". Es waren so viele Dinge, die plötzlich in meine Gedanken kamen. Aussagen, mit denen auch ich dazu beigetragen hatte, dass Lisa sich nicht so lieben konnte, wie sie war."

Daraufhin liefen der Mutter Tränen die Wangen runter. Sie musste sich schnäuzen und kurz sammeln, bevor sie weitersprechen konnte.

„Ich habe ihr als Kind nie gesagt, dass ich sie so liebe, wie sie ist. Ich habe meine Liebe von vielem abhängig gemacht, aber das ist mir erst jetzt bewusst. Und auch, wenn es sich nun komisch anhört: Durch Lisas Tod durfte ich erfahren, was Liebe wirklich bedeutet. Mein Herz klopft gerade stärker denn je.

Und ich möchte euch hiermit inständig um etwas bitten: Wenn ihr eure Kinder liebt, sagt es ihnen. Wie sollen sie es wissen, wenn sie ständig kritisiert werden? Wenn sie stets hören, was sie besser oder anders machen sollen? Wenn sie nur geliebt werden, weil sie zu etwas werden sollen, was sie aber gar nicht sind? Sagt euren Kindern, dass ihr sie liebt. Und sagt es euren Mitmenschen. Einfach so! Manche wissen nicht, wie wertvoll sie sind. Sagt es ihnen!

Ich habe es versäumt. Nun ist es zu spät. Obwohl ich mir sicher bin, dass Lisa noch hört, welche Worte gerade aus meinem Mund kommen.

Es ist mir weiterhin klar geworden, dass ich es ihr gar nicht sagen konnte. Denn auch ich habe nie gelernt, mich selbst zu lieben. Doch es ist nie zu spät. Ich habe durch Lisas Tod mein Herz öffnen können. Auch mir selbst gegenüber. Es geschah wie von Geisterhand. Und dafür bin ich unendlich dankbar. Ich danke dem lieben Gott für diese Botschaft, auch wenn ich unglaublich traurig bin, dass sie mich so erreichen musste. Lisa, ich hoffe, dir geht es gut dort, wo du jetzt bist, und ich danke dir für die Zeit, die wir mit dir verbringen durften. Die Leichtigkeit deines guten Herzens werden wir weiter tragen, denn du hast den Samen der Liebe in viele Herzen gepflanzt. Und wenn es ein Vermächtnis gibt, welches auf dieser Erde bleibt, dann dieses: Die Liebe – sie lebt!“

Ungeweinte Tränen

„Mama, wieso weinst du denn so?"

„Ach weißt du, Tante Käddi ist gestorben. Deshalb weine ich."

„Aber du kanntest die doch gar nicht gut!?"

„Ja, da hast du recht. Vielleicht weine ich auch nur Tränen, die schon lange geweint werden wollten und wenn jemand stirbt, brauche ich mich dafür wenigstens nicht zu rechtfertigen."

„Papa hat zu mir gesagt, dass man immer weinen darf. Weinen macht Platz für Neues. Er meinte, wenn die Tränen raus dürfen, dann könnte an diese Stelle etwas anderes. Vielleicht Freude oder Glück oder so. Und deshalb weine ich immer, wenn mir nach weinen ist."

„Das darfst du auch."

„Mach das doch auch. Du musst nicht stark sein, wenn du eigentlich schwach bist!"

Spiegel der Vergangenheit

Paula war am Ende mit ihren Nerven. Ihre 13-jährige Tochter Annika trieb sie mit ihrem Trotz und ihrem Starrsinn noch die Grenzen ihrer Kraft. Seit Jahren schon kämpfte Paula darum, endlich Zugang zu ihr zu finden, aber ein liebevoller Umgang war kaum mehr möglich. Annika war störrisch, hatte ihren eigenen Kopf und sagte grundsätzlich erst mal NEIN, wenn sie von ihrer Mutter um etwas gebeten wurde. Und so gab es inzwischen fast täglich Situationen, die eskalierten. Streit war an der Tagesordnung. Paula wusste langsam keinen Ausweg mehr. Sie nahm sich aus lauter Verzweiflung einen Termin bei einem Heilpraktiker, der, ganzheitlich orientiert, ein gutes Händchen haben soll. So sagten es zumindest die Leute im Dorf.

Als sie im Wartezimmer saß, schaute sie gedankenverloren aus dem Fenster. Sie fragte sich, wie es nur so weit hatte kommen können. Sie verurteilte sich selbst dafür, dass sie immer an die Decke ging. Aber Annika provozierte sie ja auch ständig.

„Frau Schmidtke bitte!", wurde sie aus ihren Gedanken gerissen.

Herr Beils war ein Heilpraktiker, dessen Erscheinungsbild eher unauffällig war. Aber seine großen, braunen Augen sprachen für sich. Wenn er einen anschaute, fühlte man sich gleich gut aufgehoben. Er hatte etwas Warmherziges, das man nicht in Worte fassen konnte, aber man hatte gleich ein Gefühl von Geborgenheit.

„Was haben Sie denn auf dem Herzen?“, fragte er Paula mit einer angenehm sanften und einfühlsamen Stimme.

Paula erzählte daraufhin, was sie schon seit Jahren belastete. Herr Beils hörte ihr aufmerksam zu. Da er selbst Kinder hatte, konnte er recht schnell die Zusammenhänge erfassen. Er ahnte, wo die Lösung für Paulas Problem liegen könnte.

„Was könnte Annika Ihnen mit ihrem Verhalten zeigen wollen?“, fragte er, aber Paula konnte ihm spontan keine Antwort geben.

„Kinder sind unser bester Spiegel. Sie zeigt Ihnen, was Sie in sich ablehnen. Deshalb macht es Sie auch so wütend. Ihre Tochter wehrt sich gegen alles Mögliche, sagt zu allem erst mal NEIN und ist stur. Wie sieht das denn bei Ihnen aus?“

„Ich bin genau das Gegenteil! Schon als Kind musste ich immer gehorchen. Ich war ein liebes Kind, das sich angepasst hat. Ich hatte aber auch keine andere Wahl. Denn sonst hätte ich von meinem Vater Schläge bekommen!“

Paula standen die Tränen in den Augen, als sie das sagte, weil der Gedanke an Schläge sie an den Missbrauch von früher erinnerten. Ihr Vater hatte sich verbal nie durchsetzen können. Weil er sich nicht anders zu helfen wusste, schlug er seine Kinder. Er hatte anscheinend keine andere Lösung und Paula litt auch heute noch darunter.

Mitfühlend reichte Herr Beils ihr ein Taschentuch.

„Genau das meinte ich, Frau Schmidtke, als ich von den Spiegeln sprach. Wenn Eltern sich über das Verhalten der Kinder aufregen, sind es oft Dinge, die sie selbst gerne ausleben würden, sich aber nicht trauen. Oder aber sie lehnen etwas ab, was sie an ihren Kindern nervt. Wie auch bei Ihnen liegt der Grund dafür in der eigenen Kindheit. Ihre eigene Kinderseele, die damals verletzt und unterdrückt wurde – die schreit jetzt. Es ist also nicht das Thema Ihrer Tochter. Es ist Ihr eigenes."

Paula schluchzte.

Ihr wurde schlagartig klar, dass sie Annika unrecht tat, wenn sie mit ihr schimpfte. Sie handelte aus Unwissenheit und wusste es bislang nicht besser. Jetzt durfte Paula die Verantwortung für ihre verletzte Kinderseele übernehmen. Der Heilpraktiker empfahl ihr Meditations-CDs zur Aussöhnung mit dem inneren Kind und vereinbarte weitere Termine mit Paula, um ihre Kinderseele Schritt für Schritt in die Heilung zu führen. Der erste und wichtigste Schritt war dafür getan.

Am Ende der ersten Sprechstunde fragte er: „Wenn Sie an Ihre Tochter denken, was sind jetzt für Gedanken präsent?"

„Ich bin ihr dankbar. Sie hat mir meine Verletzungen aus der Kindheit gespiegelt."

In den darauffolgenden Wochen erlebte Paula einen faszinierenden Wandel. Nur durch die Klarheit, die sie selbst erlangte, konnte sie ihr Herz für Annika wieder öffnen. Sie kamen sich immer näher. Es dauerte zwar seine Zeit, aber man konnte deutlich spüren, dass die Energie zwischen den beiden eine andere war. In Situationen, in denen Paula zuvor explodiert war, wusste sie nun um diesen Spiegel und bot ihrer Tochter somit keine Angriffsfläche mehr. Es ärgerte sie nicht mehr, denn Paula wusste, dass auch Annika aus Unwissenheit diese Rolle übernommen hatte. Stattdessen fühlte Paula mit ihrer Tochter.

Genau das führte dazu, dass die spannungsgeladenen Situationen immer weniger wurden. Es passierte einfach, ohne dass Paula je mit ihrer Tochter darüber gesprochen hatte.

Wochen später saß Paula wieder bei ihrem Heilpraktiker. Sie sprachen darüber, was sich in den letzten Monaten verändert hatte.

„Ich bin glücklich, dass ich den Mut hatte, hierher zu kommen. Sonst hätte ich wahrscheinlich niemals verstanden, dass die Verantwortung bei mir liegt. Dass ich, wenn auch unbewusst, meine eigenen Themen auf die Kinder übertrage, wenn ich sie nicht auflöse. Durch meine Veränderung ist meine Tochter heute wie ausgewechselt. Vorgestern Abend konnte ich sie das erste Mal nach langer Zeit in die Arme nehmen und ihr sagen, dass ich sie liebe.“

Wie Liebe entsteht

„Wie kann ich in meinem Leben mehr Liebe erfahren?“, fragte mich kürzlich ein Patient.

Ich antwortete: „Lerne lieben!“

Da ich aber merkte, dass er nicht verstand, was ich damit meinte, sprach ich weiter: „Hier ein Beispiel: Gibt es derzeit eine Person aus deiner Vergangenheit, der du noch böse bist, weil sie dir irgendwann mal etwas angetan hat, was dich verletzt hat? Eine Person, die aber nicht mehr in deinem Umfeld ist? Vielleicht etwas, was schon länger zurück liegt?“

„Ja, gibt es. Das war vor neun Jahren. Mich hat mal ein guter Freund um viel Geld betrogen, das ich ihm anvertraute, weil er es angeblich gewinnbringend anlegen wollte. Er gab bis heute nicht zu, dass er mich angelogen hat, und meine 3000 Euro sind ebenfalls futsch. Dieser Person möchte ich nie wieder begegnen und ich wüsste auch nicht, was ich tun würde, wenn er mir über den Weg läuft. Ich hasse ihn. Und ich denke, dass dies auch berechtigt ist.“

„Okay, dann schauen wir näher auf diese Situation. Das Gefühl des Hasses – wer trägt das in sich?“

„Hmmm … ich“, antwortete der Patient nachdenklich.

„Und die Person, die gar nicht mehr in deinem Leben ist, bekommt davon noch nicht einmal etwas mit, richtig?“

„Ja, genau.“

„Diese Person damals hat dir nur Anteile deiner selbst gespiegelt, die du bis heute ablehnst. Liebe kann nicht durch jemand anderen entstehen. Liebe entsteht in dir. Wenn du diese Person hasst, hasst du dich selbst. Liebst du sie, liebst du dich selbst. Wenn du also jetzt entscheiden würdest, die andere Person zu lieben, würdest du gleichzeitig entscheiden, die Anteile in dir zu lieben, die du noch verurteilst. Das Gefühl des Hasses trägst du nun schon neun Jahre mit dir rum. Ist dir bewusst, was du damit getan hast?"

„Oh ja. Ich verstehe. Ich habe in dieser ganzen Zeit mit mir selbst gekämpft. Ich habe inneren Krieg geführt. Indem er mich betrogen hat, zeigte er mir, dass auch ich in vielen Lebensbereichen unehrlich zu mir war und teilweise immer noch bin. Ich verurteile mich dafür, dass ich mich selbst immer wieder verleugne.

Wenn ich mich nun entscheide, zu vergeben – vor allem mir selbst – kehrt denn dann Frieden ein? Würde sich das auch auf die Beziehung mit der anderen Person auswirken?"

„Frieden im Inneren erzeugt Frieden im Außen. Allerdings ist das nicht primär wichtig. Wenn du dich entscheidest zu lieben, heißt das nicht, dass du alle Menschen aus deiner Vergangenheit wieder ins Leben rufen sollst. Diese Menschen werden weiter existieren. Ob du sie nun liebst oder hasst. Es geht um das Gefühl, welches du in dir trägst. Ist es Liebe oder Hass? Du entscheidest selbst, was du wählst."

Wie lebe ich ein erfülltes Leben?

Ein Schüler kam zum Meister und fragte: „Meister, was kann ich tun, damit ich ein erfülltes Leben habe?"

„Verändere deine Motivation!", sagte der Meister.

„Wie meinst du das?"

„Es gibt zwei verschiedene Arten von Motivation.

Die eine lautet: TUN – HABEN – SEIN.

Das ist die, mit der du zu mir gekommen bist. Du hast mich gefragt, was du tun kannst, um ein erfülltes Leben zu haben. So leben die meisten Menschen. Sie tun ganz viel, um dann irgendwann für ihre Leistung Anerkennung oder Geld zu bekommen. Und dann glauben sie, jemand zu sein. Sie identifizieren sich über das, was sie durch ihr Umfeld erhalten haben. Sie haben sich Abhängigkeiten geschaffen, ohne dass ihnen dies bewusst ist. Erfolg übertönt oft alles. Den Hunger nach Liebe, den sie als Kind nicht befriedigt bekamen, tragen sie immer noch als Erwachsene in sich, ohne es zu wissen, und setzen alles daran, diese inneren Löcher irgendwie zu stopfen. Sie hören ihre inneren Stimmen nicht mehr. Sie werden angepeitscht von dem, was ihren Schein des Seins aufrecht erhält.

Wenn du jedoch ein wirklich erfülltes Leben führen möchtest, brauchst du eine andere Motivation.

Diese lautet: SEIN – TUN – HABEN.

Dann ist es genau anders herum. Wenn du aus dem Sein heraus etwas tust, fragst du dich nicht, wie du ein erfülltes Leben haben kannst, sondern du schaust zuerst, was dir Freude bereitet, wobei dein Herz tanzt. Du nährst dein Sein, ohne daran zu denken, daraus Profit zu schlagen, weil du einfach nur ein Ziel verfolgst: Mehr Freude im Leben zu empfinden. Für dich! Du schöpfst aus der Quelle des Ursprungs. Aus dem, was in dir angelegt wurde. Aus deinen Begabungen, Talenten und Fähigkeiten. Du schaust nicht in die Ferne, du genießt das Jetzt. Das, was du tust, tust du aus dem Herzen. Du benutzt nicht dein Umfeld, um Löcher zu stopfen, sondern bist ein Geschenk für die Menschheit, weil du die Schätze in dir bereits entdeckt hast. Du bist ausgeglichen und frei in deinem Tun, ohne dafür etwas haben zu müssen. Du hast dich geöffnet für die Fülle des Lebens, denn dein Herz ist sowieso voller Reichtum."

Der Schüler dachte kurz nach und sagte dann: „Letzten Endes ist der Unterschied der zwei Motivationen also recht einfach: Die erste basiert auf Abhängigkeit, geschieht meist unbewusst und die Menschen wissen gar nicht, dass es auch anders geht. Sie sind dann unglücklich, obwohl sie auf materieller Ebene oft reich sind.

Die andere Motivation entwickelt sich aus der inneren Freiheit und die Menschen leben meist bewusster. Sie sind dem Reichtum des Herzens, der wirklich erfüllend ist, näher als so manch ein Millionär. Richtig?"

„Genau", sagte der Meister und war hocherfreut, dass der Schüler so schnell die Essenz für sich herausfischen konnte.

Der Schüler bedankte sich danach bei seinem Meister. Diese Erklärung veränderte sein Leben, denn allein das Wissen darum gab ihm die Möglichkeit, ganz andere Entscheidungen zu treffen, als er es bislang getan hatte.

~~~ DANKE ~~~

Den Impuls für diese Geschichte bekam ich durch Patrick Ellinger. Herzlichen Dank, dass du deine wundervollen Botschaften auf Facebook mit uns teilst.
~~~

Das Sonnenkind

Es war ein kleines sensibles Sonnenkind, das das Licht der Welt erblickte. Es merkte sehr schnell, dass irgendetwas mit der Sonnenmutter nicht stimmte.

Die Mutter hatte keine andere Wahl. Sie sagte ihrem Baby, dass es nicht bei ihm bleiben könne, weil sie mit der Sonne nicht umzugehen wisse. Und so gab sie ihr Sonnenkind schweren Herzens weg, denn sie wusste nicht, wie sie ihm ein Leben im Licht bieten sollte.

Allerdings hatte sie dafür eine Familie ausgesucht, die nach außen hin so wirkte, als wenn ihre Welt heil wäre. Was die Sonnenmutter nicht wusste: Es war eine Schattenfamilie.

Auch dort merkte das Sonnenkind sehr schnell, dass es unerwünscht war. Und je länger es in der Dunkelheit lebte, desto dunkler wurde es selbst. Keiner konnte ihm zeigen, wie man als Sonne lebte, da alle nur die Dunkelheit kannten. Obwohl es sich inzwischen der Dunkelheit angepasst hatte, gab die Schattenfamilie das Sonnenkind nach fünf Jahren wieder weg.

Das Sonnenkind landete in einem Heim für Schattenkinder. Verständlich, dass das Sonnenkind verunsichert war. Irgendetwas in ihm wusste schon ganz früh, dass es eine große Strahlkraft in sich trug. Aber es war unmöglich, mit dem Licht zu leben, da niemand mit seiner Helligkeit zurechtkam. Und so passte es sich weiter an und wurde dunkler und dunkler.

Irgendwann war es so voll von anerzogener Dunkelheit, dass es, egal, wo es sich aufhielt, von bösen Geistern umgeben war, die ihm das Leben schwer machten. Es hasste sich selbst dafür, dass es sich der Dunkelheit so hingab, aber es konnte nichts daran ändern. Im Heim musste es auch nur ertragen. Das Sonnenkind hatte keine Kraft, sich dort loszulösen, obwohl es merkte, dass ihm der Aufenthalt nicht guttat. Es musste in einem dunklen Zimmer schlafen und litt unter der Herrschaft einer dunklen Wolkenmutter, welche die Kinder tyrannisierte, wo es nur ging. Das Sonnenkind war jetzt nicht nur voller Dunkelheit, sondern auch voller Angst.

In seiner Trauer lernte es dann recht früh - schon mit 14 Jahren - einen Mann kennen. Nun hoffte das Sonnenkind auf eine positive Wende in seinem Leben. Sie suchten sich eine gemeinsame Wohnung, doch die erhoffte Wende blieb aus. Da es nie gelernt hatte zu leuchten, genauso wenig wie seine Mutter, ging es in der Dunkelheit durchs Leben, tat für sich das Bestmöglichste und hatte einen Mann an der Seite, der es ohne Schattensaft am Abend nicht aushielt. Kurzum: Die eigene Kindheit hatte das Sonnenkind mit ins Erwachsenenleben geholt, ohne dass es ihm bewusst war. Es fühlte sich hilflos, oft den eigenen Gefühlen ausgeliefert.

Viele Jahre waren vergangen, das Sonnenkind hatte sich inzwischen von seinem Mann getrennt, doch das Gefühl, Opfer der Mitmenschen zu sein, blieb. Es gab so viele Menschen, die ihm nicht wohl gesonnen waren: Seine leibliche Sonnenmutter, die voller Dunkelheit war, dann die Wolkenmutter im Heim …

Es konnte nicht verstehen, wieso das Leben es so hart bestrafte. Das Sonnenkind hatte Schattenkrankheiten, die eigentlich nicht zu ihm gehörten, aber nur so konnte seine Seele mit ihm kommunizieren, denn die Sonnensprache hatte es nie gelernt. Es hatte sich im Laufe der Zeit von seinem Herzen und damit auch von der Liebe im Leben abgewandt.

Doch dann gab es diesen einen Tag. Das Sonnenkind war inzwischen 60 Jahre alt und saß voller Verzweiflung auf einer Bank im Garten. Es war traurig und sagte laut vor sich hin: „Wenn es wirklich einen Gott gibt, wieso hat er das alles zugelassen?“

Und dann hörte es wie aus dem Nichts eine Stimme: „Du hast nach mir gerufen?“

Das Sonnenkind drehte sich um, aber es war niemand zu sehen. Ob es sich die Stimme nur eingebildet hatte? Seltsam.

Doch dann wieder: „Hallo, du kannst mich nicht sehen. Und vielleicht hast du auch oft das Gefühl gehabt, dass ich nicht bei dir war. Aber ich war da. Immer an deiner Seite.“

Zögerlich, noch etwas verunsichert, fragte das Sonnenkind: „Aber wieso hatte ich so ein schreckliches Leben?"

„Liebes Sonnenkind, auch wenn du es noch nicht verstehen kannst: Das ganze Leid will dir nur eines zeigen: Dass es auch Freude gibt. Du brauchtest das Leid aber, um dich selbst zu erfahren. Wir sind jetzt an einem Punkt, an dem du dich neu entscheiden kannst. Die Vergangenheit ist vorbei. Du darfst sie hinter dir lassen. Deine Mutter konnte nicht anders. Sie wollte immer das Beste für dich, wusste aber nicht, was das war. Ihr ging es im Leben nicht anders. Das heißt, sie hat nur das weitergegeben, was sie selbst auch erfahren hat. Vergib ihr, das wird deine Seele befreien. Egal, was du bis heute alles erlebt hast: Dein Herz - es schlägt noch. Und das bedeutet nichts anderes, als dass du lieben kannst. Dich selbst, deine Mitmenschen - und auch deine Mutter. Dein Herz sehnt sich danach, wieder in der Liebe zu leben. Und du schaffst das, weil du schon so viel geschafft hast. Du hast einen starken Willen, den du bislang aber gegen dich eingesetzt hast, weil du dich in der Dunkelheit besser auskanntest. Nimm dich selbst in den Arm, denn damit zeigst du der Welt, wie liebenswert du bist. Und das bist du. Ich bin hier, um dich wieder daran zu erinnern, dass du ein Sonnenkind bist."

Die Augen des Sonnenkindes füllten sich mit Tränen. Irgendetwas in ihm sagte, dass da etwas Wahres dran war. Aber es war ratlos und fragte: „Wie soll ich das denn so fühlen können?"

Die Stimme im Hintergrund sprach: „Erlaube dir einfach, ein Sonnenkind zu sein. Denn du bist eins. Du hast es nur vergessen."

Obwohl das Sonnenkind noch nicht wusste, was in der Zukunft geschehen würde, sagte es sich mit einem guten Gefühl ab sofort täglich: „Ich erlaube mir, ein Sonnenkind zu sein und öffne mich für die Liebe in meinem Leben!"

~~~ DANKE ~~~

An dieser Stelle bedanke ich mich ganz herzlich bei Gabriela, die diese Geschichte für ihre Schwester Angela bei mir in Auftrag gab, um sie ihr schenken. Danke, dass ich sie in gekürzter Form abdrucken durfte. Ihr seid wundervolle Sonnenkinder …
~~~

Krankheit als Botschafter der Seele

„Lieber Körper, was willst du mir mit dem Schwindel sagen?"

„Dein Herz kennt die Antwort. Dein Gleichgewichtsorgan im Ohr ist für den Schwindel verantwortlich. Damit du dich fragst, was dich so aus dem Gleichgewicht bringt."

„Naja, das weiß ich eigentlich schon."

„Und?"

„Ich mache schon länger etwas, was mich innerlich fertig macht."

„Wieso tust du es dann?"

„Weil ich Angst habe!"

„Wovor hast du Angst?"

„Davor, mit der Entscheidung jemand anderen zu enttäuschen."

„Bist du dir dessen bewusst, dass du dich selbst damit verleugnest? Du triffst keine Entscheidung, die DIR gut tut, weil du Angst davor hast, andere zu enttäuschen? Das ist der totale Wahnsinn, was du da mit dir selbst anstellst. Damit gibst du mir den Auftrag, dich krank zu machen, damit du genau das wahrnimmst!"

„Ja, ich weiß. Ich habe es jetzt auch verstanden. Das letzte Mal lag ich mit Schwindel im Krankenhaus, danach habe ich auch Entscheidungen getroffen, die mein Leben grundlegend änderten. Dafür habe ich allerdings ein ganzes Jahr gebraucht. Soweit wird es dieses Mal nicht kommen. Denn ich handele dieses Mal früher. Jetzt sofort."

„Manche Entscheidungen, die man im Leben trifft, die trifft man für sich. Dabei scheint es so, als träfe man sie gegen andere."

„Ja, deshalb fällt es mir auch so schwer. Ich habe schon immer mehr auf die anderen geachtet als auf mich."

„Aber das funktioniert jetzt nicht mehr. Denn je länger du das machst, desto mehr schadest du dir. Jeder ist für seine eigenen Gefühle verantwortlich. Wenn du mit deiner Entscheidung wirklich jemand anderen ent-täuschen kannst, muss er dir im Grunde genommen dankbar sein. Denn du hast ihm seine Täuschung genommen. Du hast Wahrheit in die Illusion gebracht. Und das ist wichtig. Für alle. Immer dann, wenn du Entscheidungen für dich selbst triffst, darfst du anschließend ins Vertrauen gehen. Denn du wirst geführt und dein Leben richtet sich danach."

„Danke, lieber Körper, für deine Signale und unser Gespräch. Ich bin froh, dass wir inzwischen so gut kommunizieren können!"

Kurz danach verabschiedete sich der Schwindel und bedankte sich, dass er als Botschaft wahrgenommen wurde.

Das Fest der Liebe

Jan arbeitete im Callcenter einer IT-Firma und war für Problemkunden zuständig. Es war kurz vor Weihnachten. Der gewöhnliche Jahresendstress war ausgebrochen. Das Telefon klingelte ununterbrochen.

„Bin ich da richtig? Mein PC spinnt!“, fauchte eine Frau am Telefon.

„Nun mal halb lang, junge Frau. Was haben Sie denn für ein Problem?“, fragte Jan ganz gelassen. „Ich brauche das Programm an Weihnachten, aber es lässt sich nicht problemlos auf die Festplatte laden.“

„Um welches Programm handelt es sich denn?“

„Fest der Liebe 3.0“

„Ok, dann sollten Sie verschiedene Dinge beachten. Sitzen Sie jetzt am Rechner?“

„Ja, sitze ich“, sagte die Dame genervt.

„Zuerst drücken Sie bitte die Tastenkombination strg + alt + entfernen gleichzeitig, um den Taskmanager zu öffnen. Dort lesen Sie mir bitte vor, welche Programme derzeit geöffnet sind. Sehen Sie das?“

„Ja. Also hier stehen folgende Programme: Winword.exe, Firefox.exe, Hass.exe und …“ „Stop“, sagte Jan „da ist schon das erste Problem. Hass ist mit Liebe nicht kompatibel. Können Sie das Programm in der Systemsteuerung deinstallieren?“

„Ja ein Moment … Okay, habe ich.“

„Lesen Sie bitte weiter vor“, forderte Jan die Dame auf.

„Dann ist da noch Excel.exe, Ego.exe…“

„Das Ego“, unterbrach Jan. „Welche Version ist das? Brauchen Sie das Programm zwingend?“

„Ich habe die Version 4.1. Das Programm brauche ich zum Schutz. Es funktioniert hervorragend mit dem Anti-Viren-Programm.“

„Das Problem ist: wenn Sie sich damit vor Viren schützen wollen, blockieren Sie automatisch all die schönen Programmen, wie auch Fest der Liebe 3.0.“

„Und was soll ich nun tun?“

„Können Sie das Programm Ego zumindest für einen kurzen Zeitraum deaktivieren? Wenn Sie dann hinterher merken, dass Sie tatsächlich nicht ohne auskommen, können Sie es immer noch ändern.“

„Kann ich versuchen, aber wer garantiert mir, dass sich im System keine Viren einnisten?“

„Da gibt es eine Lösung. Sie können sich gratis im Netz das Programm Vertrauen 6.2 downloaden. Wenn das läuft, dann dürften Sie ziemlich sicher sein vor Viren. Vertrauen 6.2 ist übrigens in Verbindung mit Fest der Liebe 3.0 eine Optimal-Lösung. Auch wenn Sie Ihren PC mal mit mehreren Rechnern in einem Netzwerk aktivieren, werden Sie merken, wie kompatibel er plötzlich ist. Auch mit PCs, mit denen er vielleicht zuvor Probleme hatte.“

„Ok, dann mach ich das mal. Gibt es sonst noch etwas zu beachten?“

„Normalerweise müsste das so funktionieren. Wenn Liebe 3.0 und Vertrauen 6.2 einwandfrei laufen, kann auch Ego 4.1 keinen Schaden mehr anrichten."

„Prima, dann wünsche ich Ihnen ein frohes Fest und danke für Ihre schnelle und kompetente Hilfe."

„Ja, das wünsche ich Ihnen auch … von Herzen", erwiderte Jan lächelnd.

Das Leben ist ein Echo

Paul war verärgert. Seine Freundin verließ ihn, weil sie sich in jemand anderen verliebt hatte. Mit seinem Liebeskummer ging er in die Kirche. Aber nicht zum Beten. Er saß dort hinten allein in der letzten Bank und fragte sich, wie Gott, wenn es einen gäbe, so etwas zulassen kann.

Ihm rutschte ein verzweifeltes und vorwurfsvolles „Ich hasse dich!“ raus. Da die Kirche sehr groß war, gab es ein Echo und so hörte Paul ein leises „Ich hasse dich!“ zurück. Er zuckte zusammen. Das machte ihm Angst.

War das die Stimme Gottes?

Eines Gottes, der ihn hasste?

Ob es sowas wirklich geben kann?

War das wirklich Gott, der mit ihm gesprochen hatte?

Er ging schnell wieder aus der Kirche und traute sich kaum, mit jemand darüber zu sprechen.

Als er am nächsten Tag seinen besten Freund Felix traf, konnte er aber nicht anders. Er musste sein Herz befreien und so erzählte er, was ihm widerfahren war. Felix sagte daraufhin, er solle einfach nochmal in die Kirche gehen. Aber Paul hatte Angst. Also begleitete Felix.

Als sie hinten in der Bank saßen, ermunterte Felix seinen Freund: „Und nun sprich mit Gott. Sag ihm, dass du ihn liebst."

Paul war immer noch ängstlich, aber er sagte dann: „Ich liebe dich!"

Es tönte ein leises Echo „Ich liebe dich!" zurück.

Paul schaute Felix fragend an.

„Woher wusstest du …?"

Felix unterbrach ihn und meinte bloß „Das ganze Leben ist ein Echo!"

Innerer Dialog

„Was beschwerst du dich denn? Du hast dir doch dein Leben selbst so erschaffen. Nun jammer nicht rum, das nutzt auch nichts."

„Jetzt mach mir doch nicht solche Vorwürfe. Ich schaue ja schon, wie ich die Situation bewerkstelligen kann, damit es mir gut geht."

„Und was ist mit mir?"

„Ich kann mich nicht auch noch um dich kümmern!"

„Vielleicht wäre es gut, wir würden uns zusammen tun, wir sind doch ein starkes Team."

„Wir beide in ein Team? Wie soll das gehen? Du willst mich doch nur beherrschen!"

„Nein, ich will dich nicht beherrschen. Ich will mit dir auf Augenhöhe sein und an einem Strang ziehen."

„Ja, aber du weißt immer alles besser als ich!"

„Das stimmt doch gar nicht."

„Doch – wenn ich die eine Meinung habe, hast du eine andere. Du lässt mich nie sein wie ich bin. Wie soll ich mich da wohl fühlen?"

„Na, jetzt mach aber mal halb lang. Ich tue auch nur mein Bestes."

„Aber das reicht nicht!"

„Merkst du eigentlich, dass du genau das tust, was du von mir verlangst?"

„Wie meinst du das?"

„Naja, du wirfst mir vor, dass ich dich nicht akzeptiere, wie du bist. Akzeptierst du mich denn?"

„Hmmmmm. Ok, da ist was dran. Könntest du recht haben."

„Es geht mir gar nicht darum, rechtzuhaben, aber merkst du nicht, dass wir so nicht weiter kommen? Wir sollten zusammen funktionieren, sonst wird das ganze System noch krank."

„Und wie stellst du dir das vor?"

„Was ist denn dein Ziel?"

„Also ich will einfach nur glücklich sein."

„Ach, wie praktisch. Dann ist unser Ziel schonmal das Gleiche. Und was ist deine Idee?"

„Ich bekomme es einfach nicht hin. Stattdessen haue ich auf mich drauf, weil ich mich unfähig fühle, das zu tun, was ich eigentlich tun will und auch sollte. Ich will immer einen Schritt gehen, aber irgendetwas ist da, was mich zurück hält. Ja, manchmal fühle ich mich regelrecht ausgebremst und weiß nicht wieso."

„Ich weiß, dass du dich so fertigmachst. Leider bringt dich das nur noch weiter in die Frustration. Die Lösung liegt woanders."

„Wo denn? Ich kann sie nicht sehen. Und es macht mich irgendwann völlig fertig, wenn ich weiterhin so unachtsam mit mir umgehe."

„Da hast du doch die Lösung gerade angesprochen. Achtsamkeit."

„Ich glaub, ich schaff das nicht allein. Hilfst du mir?"

„Ja, gerne sogar. Endlich habe ich wieder Zugang zu dir. Der war die ganze Zeit versperrt, weil du so sehr damit beschäftigt warst, dich über das aufzuregen was ist. Das hat sich auf das ganze System ausgewirkt."

„Also, was können wir nun tun?"

„Wonach ist dir denn?"

„Ich weiß es nicht, ich habe keinen Plan."

„Wie fühlst du dich denn gerade?"

„Traurig, ich bin einfach traurig. Es tut richtig weh, weil ich mich so vernachlässigt habe. Ich habe mich emotional misshandelt und so ist immer mehr Schmerz entstanden. Und ich wollte ihn nie fühlen. Weil ich das Gefühl hatte, es zieht mir den Boden unter den Füßen weg."

„Aber jetzt bin ich da. Du darfst fühlen."

„Ja, ich versuche es. Jetzt, wo wir uns wieder angenähert haben, ist es auch einfacher zu fühlen."

„Lebe all deine Gefühle, die da sind. Egal wie schmerzhaft sie sind, aber lebe! Alles darf jetzt sein."

„Es tut aber so weh."

„Auch das ist okay."

„Es tut gut, alles rauslassen zu dürfen."

Und genau in diesem Moment verschmolzen die beiden zu einer Einheit.

Liebe heilt

Carmen heulte sich bei ihrer Freundin Sibylle aus und erzählte ihr, dass sie so langsam nicht mehr wisse, wie sie den Zugang zu ihrer Tochter fände. Sie sei zwar jetzt in der Pubertät und schrecklich zickig, aber trotzdem müsse es doch irgendwie möglich sein, sie zu erreichen.

„Wann hast du deine Tochter das letzte Mal so richtig herzlich umarmt?", fragte Sibylle.

Carmen überlegte.

„Oh je, das ist schon ziemlich lange her. Als es mir das letzte Mal schlecht ging und ich viel geweint habe, da haben wir uns umarmt."

„Kinder tun ja auch immer alles Mögliche dafür, dass es den Eltern gut geht. Sie können es nicht ertragen, wenn die Eltern leiden. Sie wollte dich also trösten. Dabei sollte es eigentlich umgekehrt sein. Und wann hast du deine Tochter einfach so umarmt? Ohne dass irgendwas war, oder dass sie etwas dafür tun musste. Einfach so eben, aus Liebe?"

„Hmmm, ich glaube, das letzte Mal als sie ein Kind war … ein kleines Kind! Mir fällt das aber auch schwer, sie aus heiterem Himmel zu umarmen."

„Was glaubst du, was sich dadurch verändern könnte?"

„Durch eine Umarmung? Ich weiß es nicht. Meine Tochter wäre wahrscheinlich irritiert."

„Ja, du würdest damit ein Muster unterbrechen. Bisher musste deine Tochter etwas tun, um anerkannt zu werden. Sie erkämpft sich deine Liebe, indem sie zickig und abweisend ist. Denn so ist ihr deine Aufmerksamkeit sicher."

„So hab ich das noch nie gesehen. Aber wie soll ich das machen? Mir fällt das echt schwer. Ich kann doch nicht einfach zu ihr hingehen und sie umarmen. Meine Eltern haben mich auch nie einfach so umarmt. Ich habe gar nicht gelernt, wie das geht."

„Dann werde ich dich ab sofort öfter umarmen. Einfach so. Und ich werde dir jedes Mal ein LIEBE HEILT dabei ins Ohr flüstern."

Carmen bekam schon bei der Vorstellung feuchte Augen. Sie merkte in dem Moment, wie sie selbst der Liebe entzogen worden war. Dadurch, dass sie es nie gelernt hatte, konnte sie auch ihre Tochter nicht umarmen und wusste, wenn sie dieses Muster nicht unterbricht, wird auch ihre Tochter später nicht umarmen können.

„Danke Sibylle. Ich habe zwar keine Ahnung, wie ‚einfach so umarmen' geht, aber wir können es ja versuchen und schauen, was passiert. Und vielleicht bekomme ich es dann auch irgendwann hin, meine Tochter in den Arm zu nehmen."

„Ja, schau einfach, was passiert. Manchmal ist es so leicht, obwohl es so schwer erscheint. Liebe ist die Antwort auf viele Fragen. Öffne dein Herz und vertraue. Liebe heilt", sagte Sybille während sie ihre Freundin in die Arne nahm.

Und da liefen sie schon, die Tränen …

Die Gefühle im Eisschrank

Es war einmal ein Eisschrank voller Gefühle. Sie waren total verhärtet und konnten sich kaum mehr bewegen. Alles war vereist, die Gefühle wie erstarrt.

Die Wut maulte: „Ich bin hier, weil viele Menschen mich nicht mehr fühlen wollen. Man könne mich wohl nicht aushalten, wurde mir gesagt. Weil ich so impulsiv sei. Und manchmal auch boshaft. Dabei will ich doch nur, dass sie mich spüren, wenn sie gegen sich selbst handeln. Immer, wenn ich in jemandem brodele, sind das Zeichen. Aber die Menschen stoßen mich weg, wollen mich anderen überstülpen und suchen die Schuld bei den Mitmenschen. Aber so geht das nicht. Wer mich wegstößt, entfernt sich nur weiter von sich selbst. Ich möchte bejahend gefühlt werden, damit ich mich verwandeln kann. Wenn die Menschen wüssten, dass ich wichtig bin, um den Zugang zur eigenen Seele wiederzufinden, sie würden sich bestimmt auf mich einlassen."

„Und ich bin hier, weil ich angeblich etwas auslöse, was die Menschen nicht ertragen können", beschwerte sich die Traurigkeit. „Sie wollen sich nicht mit Tränen zeigen, weil sie glauben, sie könnten dann als schwach dastehen. Dabei sind die Menschen beides. Schwach und gleichzeitig stark. Solange sie mich aber ablehnen, werden sie darunter leiden. Denn sie lehnen ab, was da ist. Ich kann nicht verschwinden und werde so lange bei den Menschen an der Türe klopfen, bis sie mir aufmachen. Auch ich möchte integriert und angenommen werden!"

Die Einsamkeit saß traurig in einer Ecke und meinte: „Mich unterdrücken auch die meisten Menschen, dabei bin ich so wichtig. Weil ich den Weg ins Glücklichsein ebne. Aber viele Menschen hassen mich. Sie denken, ich will ihnen etwas Böses. Dabei merken sie durch mich, dass sie sich selbst verleugnet haben und nicht mit sich allein sein können. Ich will ihnen helfen, dass sie erkennen, welche Schätze sie in sich tragen. Wenn sie mir doch nur mal erlauben würden, da zu sein, würden sie viel schneller wieder den Zugang zu sich finden. Im Alleinsein ist man nämlich nicht einsam. Das Gegenteil ist der Fall. Die Menschen sind so wertvoll und könnten durch mich erkennen, welche Schätze in ihnen stecken. Aber sie organisieren stattdessen ihr Leben, planen sich alles zu und haben kein erfülltes, sondern ein volles Leben, ohne dass ihnen das bewusst ist."

Die Aggression meldete sich auch zu Wort: „Es ist grausam, abgelehnt zu werden. Bin ich wirklich so schlimm? Die Menschen sagen, ich wäre für das Unheil der Welt verantwortlich. Dabei hab ich eine so wichtige Botschaft für die Menschheit. Wer mich fühlt, wird seine Lebenskraft wieder entdecken. Ich bin voller Energie, die viele verloren haben. Weil sie sich von mir abschirmten. Sie verdrängen mich und passen sich an, um bloß keinem zu nahe zu treten. Aber das ist doch nicht die Lösung."

„Ja, das kann ich gut verstehen", sagte der Neid. „Auch mit mir können die Menschen nicht umgehen. Ich bin zwar da, werde aber gerne verdrängt. Meine Botschaft ist sehr klar. Ich diene den Menschen dazu, zu erkennen, welche Bedürfnisse sie selbst unterdrücken. Sie sind nur dann neidisch, wenn andere Menschen das haben, was sie auch gerne hätten. Sie vergleichen sich stets und schauen mit verurteilenden Augen auf sich selbst. Sie haben das eigene Potential noch nicht erkannt. Wenn die Menschen zu ihren Gefühlen und Bedürfnissen stehen würden, bräuchte ich gar nicht erst zu entstehen. Aber wenn ich da bin, will ich beachtet und angenommen werden! Denn durch mich gehen sie den Weg in die innere Freiheit. Wenn sie wissen, wieso ich da bin, können sie erkennen, welche Schätze sie selbst sind."

Die Intuition konnte ihre Worte auch nicht mehr länger zurückhalten: „Was glaubt ihr denn, wie man sich fühlt, wenn man nicht wahrgenommen wird, nur weil der Kopf immer dazwischen funkt? Er meint, alles besser zu wissen, dabei könnte er mir voll und ganz vertrauen und bräuchte nichts mehr tun. Manchmal glaube ich, die Menschen haben deswegen gelernt, mit dem Kopf zu entscheiden, um zu leiden. Und dann tun sie es immer und immer wieder. Sie ignorieren mich quasi. Dabei bin ich der Schlüssel zur Freude und zum Vertrauen. Wer sich wieder auf mich einlässt, wird ein wesentlich leichteres Leben führen können. Aber wie die Einsamkeit schon sagte: Wenn die Menschen ihre Kalender füllen, haben sie ein volles Leben – aber kein erfülltes. Mich nimmt man am besten wahr, wenn es ruhig ist. Deshalb werde ich leider oft erst in Phasen von Krankheit wahrgenommen. Denn in diesen Zeiten kommt der Mensch zur Ruhe. Und wenn der Körper ruht, dann hören die Menschen Stimmen, zu denen sie lange Zeit keinen Zugang hatten. Viele haben Angst davor, sich selbst zu begegnen und flüchten sich in den Alltagslärm. Mich hören sie nur, wenn es ruhig ist. Denn ich bin nicht laut. Ich bin leise, dafür ständig präsent. Nur dafür müssten viele Menschen ihr Leben entschleunigen und inne halten."

Die Enttäuschung saß auf einem Eiswürfel und verstand die Welt nicht mehr. „Kann mir mal irgendwer sagen, wieso die Menschen denken, ich sei so schlimm? Alle fluchen, wenn sie mich erleben und zeigen boshaft mit dem Finger auf andere Leute. Als wenn die anderen etwas dafür könnten. Eigentlich müssten sie mir dankbar sein, denn ich helfe ihnen, die Illusion, die sie sich aufbauen, zu erkennen. Sie erlangen Klarheit durch mich. Wenn die Menschen sich täuschen, dann muss doch irgendwer kommen und ihnen das verständlich machen, oder nicht?! Ich wünschte mir so sehr, die Menschen würden bei sich bleiben, wenn ich da bin und verstehen, dass ich ihnen nur zum inneren Frieden verhelfen möchte."

„Ja!", sagte die Ohnmacht. „Das kenne ich sehr gut. Das ist bei mir ähnlich. Ich bin auch nur ein Zeichen dafür, dass die Menschen ihre Macht über sich abgegeben haben. Sie fühlen sich hilflos und ohnmächtig, suchen Schuldige für ihre Gefühle, dabei bräuchten sie bloß den Blick nach innen zu wenden. Wenn ich doch nur sein dürfte, würden sie die Macht über sich selbst wieder erlangen. Sie würden die Ohnmacht spüren und den Schmerz dadurch befreien. Aber solange sie mich fernhalten wollen, werde ich immer wieder erscheinen. Solange sie mich nicht befreien, werden ihnen immer wieder Menschen begegnen, mit denen sie Abhängigkeiten pflegen, die ihnen nicht guttun. Statt darauf zu schauen, quälen sie sich und leiden."

Die Angst meldete sich auch zu Wort: „Ich glaube, ich bin das schrecklichste Gefühl von allen. Zumindest vermitteln die Menschen mir das. Überall scheine ich zu sein und nur Böses zu wollen. Dabei existiere ich gar nicht mal in echt. Ich bin nur eine Illusion. Aber es hat einen Grund, wieso die Menschen mich erschaffen. Sie brauchen anscheinend einen Weg. Weil sie sich selbst nicht vertrauen. Sie kreieren sich Ängste, lassen sich von außen welche auferlegen und verstricken sich in einem SEIN, welches nicht zu ihrem Herzen passt. Die Kluft zwischen dem, der sie sind und dem, der sie sein wollen, wird so immer größer. Bis sie es merken. Nur dann bin ich schon so stark, dass sie keine Wahl mehr haben. Sie müssen mich sehen. Sie müssen durch mich hindurch. Nur so werden sie wieder zu sich finden. Zu ihrem Herzen. Wenn die Menschen mich ablehnen, werden sie von mir beherrscht, ohne dass ihnen das bewusst ist. Auch ich möchte mit allen Gefühlen, die ich mitbringe, gefühlt werden. Wer sich auf mich eingelassen hat, wird merken, dass er mich nicht mehr braucht. Es hört sich paradox an und ich weiß, dass einige mich nicht verstehen können, aber jeder, der mich durchlebt hat, wird wissen, was innere Freiheit wirklich bedeutet."

Aber dann kam der Hass: „Liebe Angst, ich möchte dir nicht zu nahe treten, aber wenn du mitbekommen würdest, wie die Menschen mich verdammen. Glaub mir: Ich bin das größte Übel unter allen Gefühlen. Keiner will mich fühlen. Ich bin ja auch schrecklich, könnte man meinen, wenn man meine Botschaft nicht kennt. Manche haben so oft gegen sich selbst gehandelt und getan, was andere von ihnen erwarteten, dass sie die Mitmenschen irgendwann dafür hassten. Dabei hassen sie sich im Grunde genommen nur selbst. Dafür, dass sie nicht zu sich stehen. Zu dem, was sie wirklich wollen. Wofür ihr Herz brennt. Sie trauen sich nicht, zu sagen, was sie denken und fühlen. Und das führt dazu, dass sie gegen sich selbst handeln. Ich kann nur entstehen, wenn die Menschen sich selbst verleugnen. Wenn ich da bin, möchte auch ich gefühlt werden. Aber die Menschen, die es immer anderen recht machen, wollen das nicht. Weil ich angeblich böse bin. Und sie wollen vor anderen immer als lieb, nett und brav dastehen. Aber es geht genau darum. Die, die sich ständig angepasst haben, dürfen jetzt auch die Seite fühlen, die sie immer ablehnten. Ich bin nicht böse, sondern ein Wegweiser zum inneren Frieden und zur Liebe. Wenn ich einmal an der Luft bin, bleibe ich draußen und verpuffe."

Plötzlich ruckelte der Eisschrank. Es war, als wenn jemand mit aller Macht die Tür öffnen wollte. Es war die Liebe, die ihre ganze Kraft einsetzte, die Gefühle zu befreien. Es war an der Zeit, dass diese Kälte ein Ende hatte und alle Gefühle sich zeigen durften. Obwohl alles vereist war, schaffte die Liebe es, die Tür zu öffnen. Ihre Wärme durchflutete den Eisschrank und alles, was zuvor hart war, wurde weich. Das Eis löste sich und tropfte als Flüssigkeit heraus. Je länger der Eisschrank geöffnet war, desto beweglicher wurden die Gefühle. Sie freuten sich darüber, dass diese Starre ein Ende hatte, obwohl die Befreiung selbst schmerzte. Jede Bewegung tat zu Beginn weh, aber sie wussten, dass das die einzige Möglichkeit war, nach draußen zu kommen. Nacheinander fanden alle Gefühle den Weg in die Freiheit.

Als Letzter erreichte der Hass das Tageslicht. Er schaute der Liebe in die Augen und während sie sich umarmten, sagte er tief berührt von Herzen:

„Danke!"

Dein Herz darf leuchten

Kerstin durfte im letzten Jahr etwas leben, was sie in der Intensität noch nicht kennengelernt hatte. Und zwar bedingungslose Liebe. Man könnte jetzt meinen, sie hätte einen Mann kennengelernt. Nein, etwas anderes war geschehen. Nebenan zog eine Mutter mit ihren Kindern im Alter von 3, 6 und 13 ein. Sie waren sehr unterschiedlich, jedes hatte seine Eigenheiten und nach kurzer Zeit zeigten sich auch die Macken, die Menschen, auch die kleinen, nun mal haben. Aber Kerstin liebte diese Kinder einfach. Vom ersten Tag an.

Zwischen ihr und der Mutter entwickelte sich eine Freundschaft, die beiden sehr gut tat. Sie führten nicht nur berührende, intensive Gespräche, sondern lachten auch so viel miteinander, dass ihnen oft die Tränen runterliefen. Sie hatten sich eindeutig gesucht und gefunden.

Kerstin war froh, dass endlich mal Leben in die Bude kam. Die Mutter war froh, dass Kerstin sich mit den Kindern so gut verstand und sie dadurch manchmal etwas durchatmen konnte.

Was durch den engen Kontakt auch nicht ausblieb: Kerstin wurde vieles aus ihrer Kindheit gespiegelt. Es gab ähnliche Situationen, gleiche Fragen und so kam es, dass durch äußere Impulse innere Geschichten entstanden. Die schrieb Kerstin, teilweise verbunden mit vielen Tränen, nieder. Sie schaute nach innen und nahm ihre verletzte Kinderseele dabei in die Arme, indem sie Liebe integrierte. Es war, als wenn die große Kerstin sich schützend hinter die kleine stellte und den Mantel der Geborgenheit über sie legte. Die Nachbarskinder wissen wahrscheinlich gar nicht, wie wertvoll sie auf Kerstins Lebensweg waren und immer noch sind. Einfach dadurch, dass sie sich zeigen. Mit all ihren Facetten. Lebendig eben.

Eines Tages erzählte die älteste Tochter, die gerade die siebte Klasse besuchte, dass sie donnerstags im Deutschunterricht immer eine Geschichte vorgelesen bekommen und diese besprechen. Als Kerstin hinterfragte, welcher Art die denn wären, bekam sie eine zu lesen und sagte daraufhin: „Das sind ja ähnliche Geschichten, wie ich sie schreibe." Und genau in dem Moment wurde eine Idee geboren. Kerstin kontaktierte die Deutschlehrerin auf Facebook und schlussendlich wurden ihr zwei Schulstunden geschenkt, über die sie frei verfügen konnte. Wow. Sie war begeistert, dass das so problemlos möglich war.

Irgendwie war sie aufgeregt, auf der anderen Seite auch voller Vertrauen. Aber was sollte sie nur mit den Schülern besprechen? Sie bereitete sich vor, indem sie schaute, welche Geschichten sie vorlesen könnte. Schließlich war den Schülern angekündigt worden, dass eine Autorin kommt, aus ihren Büchern liest und mit ihnen drüber spricht. Kerstin wusste zwar schon recht schnell, dass die zwei Stunden anders verlaufen würden. Aber wie genau, das überließ sie der Situation. Richtig planen konnte sie eh nichts.

Sie sollte nach der ersten großen Pause beginnen. Deshalb kam Kerstin etwas früher, konnte so die Klassenlehrerin abfangen und durfte schon in den Klassenraum. Sie überlegte sich spontan, etwas an die Tafel zu schreiben.

„Was ist Liebe?", lasen die Schüler nach der Pause an der Tafel, als sie das Klassenzimmer wieder betraten. Und genau mit dieser Frage hatte Kerstin begonnen, nachdem sie kurz von der Lehrerin vorgestellt worden war. Sie ließ die Schüler antworten, was sie unter Liebe verstehen. Die Antworten schrieb sie unter die Frage. Das Interessante daran war, dass alle Schüler an einen Partner dachten, wenn sie das Wort Liebe hörten. Als die Schüler fertig waren und ihnen nichts mehr einfiel, fragte Kerstin in den Raum: „Was glaubt ihr, wenn ihr das, was ihr gerade alles genannt habt, nicht nur mit einem Partner leben würdet, sondern auch mit euch selbst?"

Und so begann ein Gespräch, das von Selbstliebe über Schüler-Lehrer-Problematiken führte, bis hin zu

Fragen, die die Teenies persönlich bewegten. Aufgrund von Kerstins eigener Entwicklung und der Ausbildung als Coach gelang es ihr, urteilsfrei die Situationen zu beleuchten. Sie versuchte zu vermitteln, indem die Schüler auch mal die Lehrersicht einnehmen sollten. Sie erzählte von den Spiegeln, die einen umgeben und wieso die Schüler nicht alles so persönlich nehmen dürften. Sie war sich nicht sicher, ob die Schüler alles verstanden, aber sie waren die ganze Zeit über aufmerksam und interessiert. Die Zeit verging wie im Flug. Zum Abschluss las Kerstin noch die Geschichte „Was ist Liebe“ aus ihrem ersten Buch vor und dann passierte etwas unglaublich Schönes. Sie fragte in die Klasse, ob noch irgendjemand etwas sagen wolle. Sogleich hoben sich ein paar Finger. Zwei Schüler hatten denselben Satz auf den Lippen: „Ich wollte einfach nur DANKE sagen!“

Das war ein ergreifender Moment, der sie für kurze Zeit sprachlos machte. Sie hatte in diesen zwei Stunden sehr deutlich gespürt, dass die Schüler mehr brauchen als Mathe, Deutsch und Englisch. Als Kerstin nach Hause fuhr, leuchtete ihr Herz. Das war Erfüllung auf allen Ebenen.

Es gab noch etwas in Kerstins Leben, was ihre Kinderseele berührte. Sie guckte sich fast alle Gesangs-Casting-Shows an. Und jedes Mal heulte sie wie ein Schlosshund. Sie konnte selbst nicht erklären, warum.

Als Kind hatte sie immer gesagt „Ich will Sängerin werden!“, aber dieser Traum wurde ihr von einer Gesangslehrerin nach 30 Minuten Probesingen genommen, als sie 19 Jahre alt war. Oder anders: Sie hatte ihn sich nehmen lassen. Der berühmte Thron, den Kerstin gerne anderen überließ. Sie war zu ihr gefahren, weil sie für eine Band vorsingen sollte. Nach einer halben Stunde unsicheren Karaokes und ein bisschen Intonierens am Klavier sagte die Gesangslehrerin: „Als der liebe Gott die Sängerinnen-Stimmen verteilt hat, haben Sie aber nicht ICH ICH gerufen. Hätten Sie keine Lust, ein Instrument zu lernen?“

Diese Sätze hatten gesessen. Sie hatten sich so sehr in Kerstins Hirn eingenistet, dass sie von dem Tag an kaum mehr den Mund aufmachte, es sei denn, sie war für sich allein. Denn sie liebte singen. Auch wenn sie es offenbar nicht konnte.

Nach einem Jahr Autoren-Dasein entschied sie sich, ihr Schneckenhaus zu verlassen, in dem sie sich bislang so wunderbar versteckt hatte. Sie plante, Lesungen durchzuführen. Gleichzeitig traf sie noch eine Entscheidung: Sie wollte am Ende der Lesungen singen. Es war wie ein innerer Antrieb, dem sie folgen musste.

Als der Tag der ersten Lesung gekommen war, war sie aufgeregt. Aber nicht nur wegen der Lesung, sondern viel mehr wegen des Singens am Schluss. Sie hatte sich das Lied von Wind „Lass die Sonne in dein Herz“ als Karaoke-Version runtergeladen und ein paar Mal zu Hause geübt. Die Lesung verlief prima.

Kerstin erzählte von sich, zwischendrin las sie und es entstand eine vertraute, nachdenkliche Stimmung. Es lief alles wie von selbst. Und dann kam der Schluss. Sie las die Geschichte „Die Stimme deines Herzens“ vor, in der es um eine junge Frau geht, die mit 39 den Durchbruch mit einer Single-CD schafft und von ihrem Werdegang berichtet. Als Kerstin fertig war mit dem Vorlesen, sagte sie in die Runde: „Es gibt ein paar Geschichten in meinen Büchern, die wahr sind. Diese hier ist eine davon. Bis auf die CD ist es meine eigene. Deshalb werde ich nun etwas tun, wovor ich lange Zeit Angst hatte. Ich werde meine Lesung mit einem Lied beenden. Dabei ist es für mich überhaupt nicht wichtig, dass es toll klingt. Für mich ist einzig und allein wichtig, dass ich es tue.“

Danach bat sie die Zuhörer, aufzustehen, da das Lied zum Mitklatschen animierte. Sie machte die Musik an. Klar und deutlich kamen auf einmal die Worte aus ihrem Mund. So selbstsicher, wie sie es sich zuvor nicht vorstellen hätte können. Unglaublich. Anscheinend muss man manchmal Dinge tun, vor denen man lange Zeit Angst hat, um festzustellen, wie sehr man sich entwickelt hat.

Auch Kerstin schaute manchmal noch mit alten Augen auf sich, diesen „Augen der Kleinheit“, obwohl sie mit aller Kraft ihres Herzens strahlen konnte, wenn sie sich traute, ihre Fähigkeiten zu zeigen.

Die Tränen, die sonst immer liefen, wenn sie sich Gesangs-Casting-Shows anschaute, hatten ab diesem Tag ein Ende. Sie hatte wahrscheinlich eine Sehnsucht gestillt und war mit viel Mut ihrer Herzensstimme gefolgt.

Auch ihre Mutter war bei dieser Lesung im Publikum. Sie kam anschließend spontan auf Kerstin zu, nahm sie in den Arm und sagte vor allen anderen: „Ich bin stolz auf dich!“

Wow – was war das denn jetzt? Kerstin war im ersten Moment sprachlos und berührt gleichermaßen. Sie lechzte seit Jahren nach Anerkennung und Aufmerksamkeit. Bekam sie aber nicht in der Form, wie sie sie gern gehabt hätte. Als sie dann erWACHsen war, also mit circa 38 Jahren, entschied sie in aller Konsequenz, Selbstverantwortung zu übernehmen. Sie schoss ihre Wünsche an die Mitmenschen auf den Mond und versuchte sich bestmöglich mit allem, was sie zuvor im Außen gesucht hatte, selbst zu versorgen. Und je länger sie sich darin übte, desto mehr merkte sie, dass sie von der Beachtung im Außen, also auch der ihrer Eltern, nicht mehr abhängig war. Sie hatte sich peu á peu frei geschaufelt. Die Worte ihrer Mutter waren ein wunderschönes Geschenk. Wie schrieb Kerstin einst auf Facebook: „Liebe ist ein Geschenk und kann nicht verdient oder erarbeitet werden. Wer dies glaubt, begibt sich in Abhängigkeit!“

Ja, sie glaubte wirklich, sie hatte endgültig alle Lektionen in Sachen Abhängigkeit hinter sich gelassen. Aber im Leben kommt es manchmal anders als man denkt. Anfang des Jahres hatte sie festgestellt, dass sie sich ihren Thron nochmal hatte wegnehmen lassen. Sie dachte, woanders wäre alles Gold, was glänzt und die Wiese würde dort schneller wachsen. Nur weil sie das leben wollte, was andere verkörperten, machte sie andere Wahrheiten zu ihren, die aber nicht zu ihr passten. Sie folgte wiedermal einem Weg, auf dem sie ihr Herz verleugnete. Das geschah erst unbewusst. Als sie es merkte, zog sie sich zurück und sinnierte fast drei Monate lang über den Sinn des Lebens. Sie fühlte sich, als wenn sie gerade wieder am Nullpunkt wäre und nochmal ganz vorne beginnen müsste. Da war es dann wieder präsent wie sonst was: Das Selbstmitleid. Darin kannte sie sich ja prima aus.

Von Januar bis März brütete sie eine Atemwegserkrankung nach der anderen aus. Bronchitis, Mandelentzündung, Schnupfen, Husten. Immer schön abwechselnd.

All diese Krankheiten blockierten ihre Atmung. Atmen heißt leben. Ja, Leben fehlte ihr eindeutig. Und sie kam aus ihrem Loch einfach nicht raus.

Sie besuchte ein Seminar in der Hoffnung, dort Klarheit zu erlangen, doch danach stürzte sie noch weiter zu Boden, weil sie einfach in diesem Moment keine innere Stärke hatte. Wenn die Seminarleiterin sie kritisierte oder Sätze sagte, die Kerstin nicht hören wollte, fiel sie in sich zusammen wie ein kleines Kind, was nichts auf die Reihe bekam. Schrecklich!

Bis zu dem Tag, an dem sie entschied: Schluss jetzt! Es reicht!

Ihr wurde mit Hilfe ihres Lieblingscoachs schnell bewusst, dass es mal wieder nur an ihrer mangelnden Willenskraft und Entscheidungsfreudigkeit gelegen hatte. Sie schrieb sich in einem Blogartikel folgendes von der Seele:

„Irgendwann ist genug gefühlt!
Ja, genau, du liest richtig!
Und sowas ausgerechnet auf dieser Seite!
Halleluja.

Nun, in mir tut sich die letzte Zeit gewaltig was. Ich, diejenige, die gut Gefühle zeigen kann, hat eins erkannt: Manchmal kann ich es soooo gut, dass ich ewig in meiner eigenen Gefühlssuppe hängen bleibe. Damit ist nun Schluss. Was nicht heißt, dass ich nichts mehr fühle. Aber ich denke, 90 Sekunden traurige oder verärgerte Gefühle reichen einfach, wenn sie mal da sind. Diese Entscheidung habe ich nun für mich getroffen, auch wenn ich mir bewusst darüber bin, dass jedes Gefühl, welches ausgelöst wird, ein Hinweisschild ist. Prinzipiell lohnt es sich einfach nicht, sich manchen Situationen so sehr hinzugeben, dass wir ewig leiden. Aber das tat ich. Immer und immer wieder.

Was bei mir auch sehr aktiv war (ich traue mich mal in der Vergangenheitsform zu schreiben), ist das

Selbstverurteilungsmuster. Ach herrje, davon kann ich echt Lieder singen! Auch da habe ich für mich beschlossen: Gesetzt den Fall, ich habe mal Bockmist gebaut, oder sonst etwas ist passiert, was mich in die Selbstkasteiung führt, dann gehe ich nun anders vor:

Draufgucken.
Draus lernen.
Abhaken.
Fertig.

Ja, genauso schnell. Keine Sekunde länger! Inzwischen glaube ich, dass vieles nur von einer Entscheidung abhängt. Wenn ich mich entscheide, meine negativen Gefühle gehen zu lassen, treffe ich allerdings noch eine zweite Entscheidung: Ich lasse auch die positiven ziehen. So ist das nun mal. Gefühle kommen und gehen auch wieder. Ich kann weder die einen noch die anderen festhalten. Wenn ich es trotzdem versuche, werde ich unterm Strich leiden. Und darauf habe ich einfach keine Lust mehr!

Festhalten wollen macht krank.

Loslassen macht frei.

Ich hatte halt lange Zeit „Gefühle zeigen erlaubt" mit „In Gefühlen abnudeln" verwechselt. Gut, ist jetzt so. Draus gelernt. Abhaken. Fertig.

Stattdessen habe ich meinen wachen Geist aktiviert. Denn den brauche ich, wenn ich willensstark, kraftvoll und entscheidungsfreudig sein möchte.

Das Leben leuchtet in allen Farben!

Na, dann springen wir mal rein.

PS: An der Stelle auch vielen Dank an meine Arschengel der letzten drei Monate. Ich fand sie so richtig, richtig doof. Heute bin ich jedoch froh, dass ich ihnen begegnet bin."

Immer, wenn Kerstin Erkenntnisse für sich gewonnen hatte, die tiefgreifender waren, musste sie es niederschreiben. Am allermeisten für sich selbst, um das Erkannte zu manifestieren. Durchs Schreiben konnte Kerstin ihre Seele frei entfalten. So war auch ihr fünftes Buch entstanden.

Nur wie sollte der Titel lauten? Es stand eigentlich schon einer fest, aber dann fiel ihr doch noch ein anderer ein. Dann malte Ulrike Hirsch das Cover, von dem Kerstin auf Anhieb begeistert war, denn sie wusste, dass es genau den Inhalt wiederspiegelt. Aber der Buchtitel passte nun nicht mehr. Irgendwie war es nicht mehr stimmig. Ihr fielen auch neue Titel ein, aber sie konnte sich nicht entscheiden. Sie dachte nach, befragte vertraute Personen und stellte sich nur noch mehr in Frage. Wieso konnte sie mal wieder keine klare Entscheidung treffen? Das machte sie völlig fertig. Letzten Endes dachte sie, dass sie jetzt doch den Titel nimmt, der von Beginn an feststand. Damit sie überhaupt etwas entschieden hatte. Es war aber mehr ein Akt der Verzweiflung als der Überzeugung. Allerdings musste sie langsam in die Pötte kommen, sonst hätte das Buch noch ewig vor sich hin gedümpelt. Aber so richtig zufrieden war sie mit dem Ergebnis nicht.

Und dann kam dieser eine Abend. Kerstin hatte sich zum Freien Tanzen bei einer Tanztherapeutin angemeldet. Ganz spontan sagte sie zu, als sie davon erfahren hatte. Etwas bewegen, die Seele baumeln lassen und sich gehen lassen. Genau das Richtige.

Es war eine schöne Energie in dem Raum. Fünf Personen waren angemeldet. Es liefen sehr unterschiedliche Lieder. Als dann „Somewhere over the rainbow" durch die Lautsprecher ertönte, war es so, als gingen bei Kerstin die Synapsen nach oben auf. Sie fühlte sich plötzlich, als wäre alles im Fluss. Direkt danach musste sie sich hinsetzen. Sie schloss die Augen und dann ging es „bäm bäm bäm". Sie suchte sich sofort etwas zum Schreiben. Das halbe Vorwort floss aus ihren Fingern, die Idee für den Klappentext ploppte wie eine Gedankenblase auf und der Titel stand ebenfalls fest. Dieses Mal fühlte sie auch, dass er durch und durch stimmig war. Nach wochenlanger Grübelei schossen ihr vor Erleichterung die Tränen in die Augen. Endlich hatte sich in ihr wieder etwas bewegt. Und es war ganz so, als wenn sie sich auch selbst mit dem Titel wieder die Erlaubnis gab:

Dein Herz darf leuchten!

Dankbarkeit

Seit ich für alles dankbar bin,
was mir das Leben bringt,
hat es endlich einen Sinn,
der tief in meine Mitte dringt,
denn Dankbarkeit ist der
Beginn des Liedes,
das die Seele singt.

Michael „Bundy“ Roth
www.schmetterlingspoesie.de

Über die Autorin

Kerstin Werner wurde 1973 in der wunderschönen Eifel geboren, wo sie auch heute lebt und arbeitet.

Durch zahlreiche Seminare zur Persönlichkeitsentwicklung und einer Ausbildung zum NLP-Coach konnte sie viele Erfahrungen sammeln, die in ihren Büchern Ausdruck finden.

Kreativität, Inspiration und Humor sind ihre größten Stärken. Sie liebt nicht nur das Schreiben, sondern ebenso das Fotografieren.

Mehr über die Autorin erfährst du:

Auf ihrer Webseite:
www.kerstin-werner.de

Auf Facebook:
www.facebook.com/WerKer

Gefühle zeigen erlaubt

Dieses Buch hat ein klares Ziel: Persönliche Weiterentwicklung!

25 Kurzgeschichten laden dich auf eine Entdeckungsreise ins Innere ein. Lass sie auf dich wirken und erlaube dir, Gefühle zu zeigen.

Die Geschichten sind ein Geschenk ans Unbewusste und lassen viel Freiraum zur Interpretation. Jeder kann sich wiederfinden und wird von Lösungsmöglichkeiten erfahren, von denen er bislang noch nichts wusste.

„Schon nach der ersten Geschichte spürte ich, dass die Texte tief in die Seele gehen und dort etwas bewirken. Wunderschön. Danke dafür!"

Walter Müller, Autor von „Du bist das Glück"

„Kerstin Werner ist es wunderbar gelungen, mit ihrem Buch meine Seele zu berühren. Ihren Rat, langsam zu lesen, habe ich befolgt und konnte feststellen, dass in jeder Geschichte ein tieferer Sinn, der zum Nachdenken anregt, zu finden ist. Die Illustrationen passen super zum Text. Dieses Buch kann ich wärmstens empfehlen."

Heidi Dahlsen, Autorin von „Gefühlslooping"

Freiheit, ich komme!

Auf dem Weg zur inneren Freiheit schreibt die Autorin Lösungen, Übungen und Denkanstöße nieder, die ihr selbst und bereits vielen anderen Menschen geholfen haben.

Sie schreibt schonungslos ehrlich, berührend und inspirierend. Die teilweise lustigen Anekdoten und der herrlich frische Schreibstil machen Mut, das eigene Leben anzupacken.

Viel Freude beim Entdecken auf der Spielwiese des Lebens!

„Für mich hat sich Kerstin Werner in dem Buch „Freiheit ich komme“ noch einmal selbst übertroffen. Es hat mich durch die Begeisterungsfähigkeit, die sie in diesem Buch noch einmal steigert, sehr inspiriert. Für mich war noch mehr Mut zu spüren, da sie heikle Themen so „leicht“ und selbstverständlich beschreibt und tiefe, wertvolle Herangehensweisen und Lösungen gleich, wie nebenbei, mitliefert. Ich habe sofort ein Thema von mir spielerisch aufgegriffen und an die Oberfläche gebracht. Vielen Dank, es ist eine Freude, jedes Kapitel zu lesen!“

Gertrud Siebeck,

Transformations-Therapeutin nach Robert Betz

Vertrauen ist der Schlüssel

Wie reagierst du, wenn die Fülle des Lebens anklopft? Kannst du sie voller Dankbarkeit annehmen? Bist du dir selbst gut genug?

Dieses Buch handelt davon, wie man trotz Ängsten und Zweifeln den Schlüssel des Vertrauens findet, um das Tor zur Selbstliebe wieder öffnen zu können. Es berührt tief im Herzen, rüttelt wach, spendet Trost und gibt dir einen Einblick in deine eigene Seele. Es sind liebevolle Geschichten, die dir Mut machen, deiner inneren Stimme wieder zu vertrauen.

„Ich mag die Art wie Kerstin Werner schreibt: Offen, einfach, verständlich, ohne großes Tamtam, aber absolut einfühlsam. Ich hätte nie gedacht, dass mich die Texte derart berühren und letztendlich auch bei mir die Tränen kullern. Schon bei der dritten Geschichte musste ich eine Zwangspause einlegen, da die Tränen mir den Blick verschleierten. Kerstin Werner trifft es auf den Punkt und ich bin mir sicher, dass sich jeder in der ein oder anderen Geschichte wiederfindet. Ich trage das Buch immer in der Tasche, so können die lieben Geschichten, die so viel Lebenserfahrung wiederspiegeln, immer wieder gelesen werden."

Anja Blum, Autorin und Fotografin

Wach auf – Dein Leben wartet

Hast du manchmal das Gefühl, dass du das Leben anderer mehr lebst als dein eigenes? Ist deine Angst, etwas zu verändern noch größer als der Mut, den du bräuchtest, um Entscheidungen zu treffen? Dieses Buch ist ein Augen- und Herzöffner. Es ermuntert dich auf eine liebevoll provokante Art, dem Ruf deiner inneren Stimme zu folgen und zu dir zu stehen.

„Ich hab schon extrem viele Bücher aus dem Genre gelesen, aber mit den Jahren haben mich die meisten Werke nur noch gelangweilt. Wünsch dir was, sei positiv, vergebe, lass los, Universum, bla, blub, blub ...

Dieses Buch ist anders! Kerstin nimmt den Leser an der Hand, bevormundet ihn aber nicht, sondern lässt mit ihrem süßen Humor viele Wege und Interpretationsmöglichkeiten offen. Jede einzelne der 50 Inspirationen hat etwas in meiner Seele bewegt. Ich hab gegrinst und geweint, - aber ausnahmslos gute Tränen, weil ich ganz genau spürte, aus welcher Quelle die Worte stammen ... - aus der Liebe, die uns alle umgibt, und die wir immer noch so oft „übersehen" ~~~ Danke, Kerstin, für diese Seelengleitsichtbrille in Buchform!!"

Michael Bundy Roth, Autor der Schmetterlingspoesien

3505048R00070

Printed in Germany
by Amazon Distribution
GmbH, Leipzig